東大式！
クイズでわかる
日本史

末廣隆典

はじめに

本書をお手に取っていただきありがとうございます。
本書は、日本史の大学受験によく出る内容や間違えやすい内容などをクイズ形式で出題し、受験勉強はもちろん、日本史の知識を学びたい人が楽しみながら知識を身につけていただくための本です。
歴史は覚える用語や人名の数が多く、一つ一つ地道に暗記していくのがかなり大変です。用語集や単語カードなどを使って覚えるのが一般的だと思いますが、クイズという形式を通すことにより、楽しんで学習できるよう作成しました。一般的な学習参考書と異なり、「戦乱・事件」など五つの大きなテーマに分類し、それぞれで時代順になるように問題を並べているのも特徴です。
収録している問題は、試験によく出る内容や、似た言葉が複数あってこんがらがりそうなものなどを中心に250問作っています。また、「答え」だけでなく「問題文」にもキーワードを盛り込んでいるので、答えだけでなく問題文や解説にも着目し、適宜ご自身で調べながら読み進めていただくとより深く知識が定着していくと思います。一部の解説には地図や図説、ちょっとした豆知識なども入れています。こちらも学習する上で助けになると思うので、ぜひ活用してください。
なお、こちらの本は学生さんだけでなく、一般のクイズプレイヤーの皆さん、日本史を学び直したい人にも役立つよう作っています。歴史のクイズが苦手な方も、本書で一問でも多く答えられるようになっていただけるとうれしいです。
本書が皆さんの日本史の成績が向上したり、志望校に合格したりする一助になりましたら幸いです。学ぶことの楽しさを思い出す一冊になることを願っています。

目次

01

戦乱・事件

問001

645年、中大兄《なかのおおえの》皇子《みこ》《おうじ》・中臣《なかとみの》鎌足《かまたり》らが蘇我《そがの》蝦夷《えみし》・入鹿《いるか》親子を暗殺して蘇我氏を滅ぼした事件のことを、当時の干支から何というでしょう？

問002

663年の白村江《はくすきのえ》《はくそんこう》の戦いで唐と組んで倭《わ》・百済《くだら》連合軍をくだし、その後高句麗《こうくり》を倒して朝鮮半島を統一した国家は何でしょう？

問003

672年に起きた壬申《じんしん》の乱で勝利した大海人《おおあまの》皇子《おうじ》は、その翌年に即位して「何天皇」になったでしょう？

問004

724年に陸奥《むつ》国府《こくふ》が置かれるとともに、蝦夷《えみし》征討の拠点となった城柵《じょうさく》で、現在も宮城県の都市の名前として残っているのはどこでしょう？

問005

孝謙《こうけん》天皇の寵愛《ちょうあい》を受けて実権を得た奈良時代の僧侶で、藤原《ふじわらの》仲麻呂《なかまろ》の乱のあと法王《ほうおう》に任じられるも、宇佐八幡宮《うさはちまんぐう》神託事件で失脚したのは誰でしょう？

問006

810年、平城《へいぜい》上皇と嵯峨《さが》天皇が対立し、「二所朝廷」と呼ばれる混乱を招いた事件のことを、その事件を受けて服毒自殺に至った女性の名前から「誰の変」というでしょう？

Answer

答001

乙巳《いっし》の変

解説

この事件のこと自体を「大化の改新」と思われがちですが、厳密にはこの乙巳の変に始まる一連の政治改革のことを大化の改新と呼びます（乙巳の変が起きた時点ではまだ「大化」という元号は存在していません）。

なお、中大兄皇子はのちに天智《てんじ》《てんち》天皇となり、中臣鎌足は亡くなる際に天智天皇から「藤原」の姓を与えられました。これが藤原氏のはじまりとされています。

答002

新羅《しらぎ》

解説

2～3世紀の朝鮮半島には大きく分けて馬韓《ばかん》、辰韓《しんかん》、弁韓《べんかん》の三つの国家があり、4世紀頃にそれぞれ百済、新羅、加耶《かや》［加羅《から》］の三つへと統一されていきました。特に百済は倭（日本）との親交を深め、大陸文化を伝える重要な役割を果たしました。

答003

天武《てんむ》天皇

解説

壬申の乱は天智天皇の子である大友皇子《おおとものおうじ》が大海人皇子と争った戦いです。なお、大友皇子は明治になってから弘文《こうぶん》天皇という名を送られています。

天智天皇と天武天皇、大海人皇子と大友皇子を混同しやすいので、大海人皇子＝天武天皇と覚えておきましょう。

答004

多賀城《たがじょう》

解説

その名の通り、現在の宮城県多賀城市にありました。
802年、征夷大将軍に就任した坂上田村麻呂《さかのうえのたむらまろ》によって現在の岩手県奥州《おうしゅう》市に作られた胆沢城《いさわじょう》に鎮守府が移動され、さらに翌年、前衛として現在の岩手県盛岡市に志波城《しわじょう》が作られました。

答005

道鏡《どうきょう》

解説

宇佐八幡宮神託事件とは、実権を伸ばし称徳天皇（孝謙天皇）の後任として天皇になろうとした道鏡が、宇佐八幡宮から「道鏡を天皇の地位につかせれば天下泰平を迎えられる」という神託を受けたとでっち上げた事件です。和気清麻呂《わけのきよまろ》によって暴かれたため未遂に終わりましたが、もし本当に道鏡が天皇になっていたら、天皇の系譜が途絶えていたかもしれません。

答006

薬子《くすこ》の変

解説

藤原薬子《ふじわらのくすこ》は平城上皇の寵臣《ちょうしん》であった藤原仲成《ふじわらのなかなり》の妹にあたります。
また、この事件自体を「平城太上天皇の変」ともいいます。

Question

問007

866年、左大臣・源信《みなもとのまこと》の失脚を狙った大納言《だいなごん》・伴善男《とものよしお》が、平安宮の朝堂院の正門に放火したとして流罪になった事件を、その門の名から何というでしょう？

問008

969年、源満仲《みなもとのみつなか》らの密告により左大臣・源高《みなもとのたか》明《あきら》が失脚させられた事件のことを、当時の元号から何というでしょう？

問009

平安時代中期に起きた「承平《じょうへい》・天慶《てんぎょう》の乱」で、承平年間に関東で反乱を起こしたのは平将門《たいらのまさかど》ですが、天慶年間に瀬戸内で反乱を起こしたのは誰でしょう？

問010

その正体は女真《じょしん》族と見られる、1019年に壱岐《いき》や対馬《つしま》を襲撃し九州に侵攻した海賊のことを、日本では一般に何というでしょう？

問011

平安時代後期に東北地方で起きた戦いで、安倍頼《あべのより》時《とき》や安倍貞任《あべのさだとう》らが起こしたものを「前九年《ぜんくねん》の役《えき》（合戦）」といいますが、清原《きよはら》氏の相続争いから発展したものを「何の役（合戦）」というでしょう？

問012

『愚管抄《ぐかんしょう》』ではこれが「武者《むさ》の世」の始まりであるという記述がある、1156年に後白河《ごしらかわ》天皇と崇《す》徳《とく》上皇が対立して起きた戦いは何でしょう？

答007

応天門《おうてんもん》の変

解説

この時の様子を描いた絵巻物『伴大納言絵巻《ばんだいなごんえまき》』は国宝に指定されており、『源氏物語絵巻』『信貴山縁起《しぎさんえんぎ》絵巻』、『鳥獣戯画《ちょうじゅうぎが》』とともに四大絵巻物とされています。

ちなみに応天門はその後も再建と失火を繰り返しており、現在京都・平安神宮内にあるものは実物をやや縮小して再建されたものです。

答008

安和《あんな》の変

解説

この事件のあと、摂政・関白が常設され、藤原氏の全盛期を迎えることとなりました。

源高明《みなもとのたかあきら》の名前である〝たかあき「ら」〟の「ら」は、室町幕府二代将軍の足利義詮《あしかがよしあきら》の〝よしあき「ら」〟と同様、読み間違いが多い名前ですので気を付けましょう。

答009

藤原純友《ふじわらのすみとも》

解説

それぞれ「平将門の乱」「藤原純友の乱」とも呼ばれます。平将門は自らを新皇《しんのう》と称し、国司を追放して関東一円を支配するに至りました。藤原純友は伊予掾《いよのじょう》という役職についていましたが、瀬戸内海の海賊の棟梁となり、愛媛県の日振島《ひぶりしま》を本拠地として反乱を起こしました。

これらの鎮圧に平氏や源氏があたったことから、朝廷や貴族が武士の力に頼り始めたと言われています。

答010

刀伊《とい》

解説

この出来事自体を「刀伊の入寇《にゅうこう》」といいます。当時の大宰権帥《だざいのごんのそち》の藤原隆家《ふじわらのたかいえ》によって撃退されました。

答011

後三年《ごさんねん》の役（合戦）

解説

前九年の役（合戦）は1051年から1062年までの十二年間にわたる戦いであり、もともとは「奥州十二年合戦」と呼ばれていましたが、これが後三年の役（合戦）と合わせたものと誤解され、十二から三を引いてこう呼ばれるようになったといわれています。後三年の役（合戦）は1083年から1087年までの三年間です。

答012

保元《ほうげん》の乱

解説

保元の乱の後、実権を握った藤原通憲《ふじわらのみちのり》（信西《しんぜい》）が藤原信頼《ふじわらののぶより》に討たれたのが1159年の平治《へいじ》の乱で、この時藤原通憲の側について勢力を強めた平清盛《たいらのきよもり》は、1167年に武家として初めて太政大臣に任命されることとなります。

Question

問013

1177年、後白河法皇の側近であった藤原《ふじわらの》成親《なりちか》らが平氏打倒をくわだてたとして処罰された事件のことを、舞台となった京都の地名を取って何というでしょう？

問014

源《みなもとの》義経《よしつね》に仕えた弓の名手・那《な》須《すの》与《よ》一《いち》が、平氏の船に掲げられた扇を一発で射落としたという逸話がある、源平合戦のひとつに数えられる戦いは何でしょう？

問015

日本の鎌倉時代に元《げん》から日本に襲来した「元寇《げんこう》」で、一度目の戦いを「文永《ぶんえい》の役《えき》」といいますが、二度目の戦いを「何の役」というでしょう？

問016

1324年、後醍醐天皇《ごだいご》が側近の日野資朝《ひのすけとも》・俊基《としもと》と図った倒幕計画が露見した事件のことを、当時の元号から何というでしょう？

問017

1335年、鎌倉幕府十四代執権・北条高時《ほうじょうたかとき》の子である北条時行《ときゆき》が、鎌倉幕府再興を図って起こした反乱のことを何というでしょう？

問018

1350年から1352年にかけて、室町幕府初代将軍・足利尊氏とその弟・足利直義《ただよし》の衝突に始まり、全国的な争乱へと発展した事件のことを、1350年当時の元号から何というでしょう？

答013

鹿ケ谷《ししがたに》の陰謀

解説

実際にそのようなくわだてがあったかどうかは定かではありません。

また、この事件で処罰されたその他の人物に、法勝《ほっしょう》寺《じ》の僧であった俊寛《しゅんかん》などがいます。

答014

屋島《やしま》の戦い

解説

1185年に現在の香川県で起きました。なお、源平合戦（別名：治《じ》承《しょう》・寿永《じゅえい》の乱）では、この他にも有名な合戦がいくつかあります。

富士川《ふじがわ》の戦い（1180年／静岡県）…水鳥の羽音に驚いた平氏が敗走した

一ノ谷《いちのたに》の戦い（1184年／兵庫県）…鵯越《ひよどりごえ》の逆落《さかお》としという奇襲

壇ノ浦《だんのうら》の戦い（1185年／山口県）…平氏滅亡に至る最後の戦い

答015

弘安《こうあん》の役

解説

それぞれ当時（1274年：文永の役、1281年：弘安の役）の元号を取ってこう呼ばれています。

なお、戦国時代に豊臣秀吉が行った二度の朝鮮出兵も同様に元号を取って「文禄《ぶんろく》の役」（1592年）「慶長《けいちょう》の役」（1597年）といいます。どちらも一度目が「文」で始まるため注意が必要です。

答016

正中《しょうちゅう》の変

解説

この後、1331年にも後醍醐天皇が倒幕計画を立てた元弘の変も起きました。正中の変では日野資朝が、元弘の変では後醍醐天皇が配流《はいる》されるも、これを機に悪党や有力御家人の挙兵が相次いだことにより、1333年に鎌倉幕府の滅亡を迎えました。

答017

中先代《なかせんだい》の乱

解説

室町幕府が足利氏を当代というのに対し、北条氏は先代といっていました。「中先代」とは、先代と当代の中間にあたることを意味しています。漫画『逃げ上手の若君《わかぎみ》』（松井優征著・集英社）は北条時行が中先代の乱を起こすまでの姿を描いています。

答018

観応《かんのう》の擾乱《じょうらん》

解説

この戦いで尊氏側の中心人物の一人として戦った武将に高師直《こうのもろなお》がいます。彼は室町幕府の執事（のちの管領《かんれい》）として権勢をふるっていた人物でもあります。

問019

1428年、前将軍と天皇が相次いで亡くなるなど、社会不安の高まりを背景に、近江坂本の馬借《ばしゃく》の蜂起をきっかけにして畿内一円に広まった一揆《いっき》を何というでしょう？

問020

中心人物の名がついたアイヌによる蜂起事件で、1457年に起きたものを「コシャマインの戦い」といいますが、1669年に起きたものを「誰の戦い」というでしょう？

問021

1467年に始まる応仁《おうにん》の乱で、東軍の総大将を務めたのは細川勝元《ほそかわかつもと》ですが、西軍の総大将を務めたのは誰でしょう？

問022

1560年、大きな戦力差があった今川義元《いまがわよしもと》を織田《おだ》信長《のぶなが》が討ち取り、信長の勢力拡大のきっかけとなった戦いを「何の戦い」というでしょう？

問023

1571年に織田信長によって焼き討ちされた、滋賀県の比叡山《ひえいざん》にある天台宗《てんだいしゅう》の総本山である寺院は何でしょう？

Answer

答019

正長《しょうちょう》の徳政一揆［土一揆《どいっき》《つちいっき》］

解説

室町時代には政治不安を背景に、畿内を中心に農民らによる一揆が起こりました。主なものに、嘉吉《かきつ》の徳政一揆（1441年）、山城《やましろ》の国一揆（1485年）、加賀《かが》の一向一揆（1488年）などがあります。

答020

シャクシャインの戦い

解説

起きた時代は200年以上違いますし、背景も異なるのでまったく別の事件なのですが、名前の響きが似ていることから混同してしまいがちです。覚え方としては「先に起きたほうが五十音順で先［コ→シ］」というのがわかりやすいです。

ちなみにコシャマインの戦いは蠣崎《かきざき》氏によって派遣された武田信広が鎮圧し、シャクシャインの戦いは松前《まつまえ》藩の松前泰広らが鎮圧しました。

答021

山名宗全《やまなそうぜん》［山名持豊《もちとよ》］

解説

応仁の乱はもともと、管領《かんれい》であった畠山《はたけやま》氏や斯波《しば》氏の家督争いや、八代将軍・足利義政《あしかがよしまさ》の跡継ぎ問題から始まり、それに細川勝元・山名宗全が介入したことにより大きな戦乱に発展していったものでした。これにより将軍の権威が失墜し、戦国時代に移行する要因となりました。ちなみにこの戦いが始まった1467年の元号は応仁でしたが、途中で文明《ぶんめい》に改元したため「応仁・文明の乱」と呼ばれることもあります。

答022

桶狭間《おけはざま》の戦い

解説

桶狭間は現在の愛知県にある地名で、その古戦場は観光地として今も残っています。信長が勝利した主な戦いに以下のようなものがあります。

姉川《あねがわ》の戦い…1570年、浅井《あざい》長政《ながまさ》、朝倉義景《あさくらよしかげ》らを破る（現在の滋賀県）

長篠《ながしの》の戦い…1575年、鉄砲を駆使して武田勝頼《たけだかつより》を破る（現在の愛知県）

答023

延暦寺《えんりゃくじ》

解説

延暦寺は平安時代から武力を強め、室町時代以降は幕府と対立するなど、武家との確執《かくしつ》が強まっており、この焼き討ちに至りました。その後復興し、1994年には「古都京都の文化財」のひとつとして世界遺産にも登録されています（京都府以外で唯一登録されています）。

問024

1582年、本能寺の変で織田信長《おだのぶなが》を自害に追いやった明智光秀《あけちみつひで》を、豊臣秀吉《とよとみひでよし》が破った戦いを「何の戦い」というでしょう？

問025

釣鐘《つりがね》に書かれた「国家安康」「君臣豊楽」という文字が大坂の役《えき》の原因になった、豊臣秀吉が現在の京都市に開いた天台宗の寺は何という寺でしょう？

問026

江戸時代初期、後《ご》水《みずの》尾《お》天皇が幕府の許しを得ないまま、ある色の袈裟《けさ》を僧に与えたことで、幕府と朝廷が対立した事件のことを何というでしょう？

問027

1637年、現在の長崎県にあった原城《はらじょう》に、天草《あまくさ》四《し》郎《ろう》時《とき》貞《さだ》を首領としたキリシタン農民が立てこもった一揆のことを何というでしょう？

問028

元号から「慶安《けいあん》の変」ともいう、1651年、三代将軍徳川家光《いえみつ》が亡くなったのを機に計画された幕府転覆未遂事件のことを、その中心人物とされた兵学者の名前をとって何というでしょう？

Answer

答024

山崎《やまざき》の戦い

解説

明智光秀が実権を握った期間を俗に「三日天下」といいますが、本能寺の変は6月2日、山崎の戦いは6月13日だったので、実際には11日程度だったと考えられています。

秀吉はこの山崎の戦いを皮切りに、以下のような戦いを経て全国統一を果たしていきます。

賤《しず》ヶ《が》岳《たけ》の戦い…1583年、柴田《しばた》勝家《かついえ》を下す（現在の滋賀県）

小牧《こまき》・長久手《ながくて》の戦い…1584年、織田信雄《のぶかつ》《のぶお》・徳川家康と和解（現在の愛知県）

小田原《おだわら》攻め…1590年、北条《ほうじょう》氏政《うじまさ》・氏直《うじなお》らを下す（現在の神奈川県）

答025

方広寺《ほうこうじ》

解説

この文言には、「家」と「康」の字を分断することで徳川家康に対する呪詛の意味が、「豊」と「臣」の字を並べることで豊臣家の安寧を願う意味があったのではないかという疑いが家康から向けられ、これが「大坂の役（大坂冬の陣・大坂夏の陣）」の発生へつながっていくこととなりました。

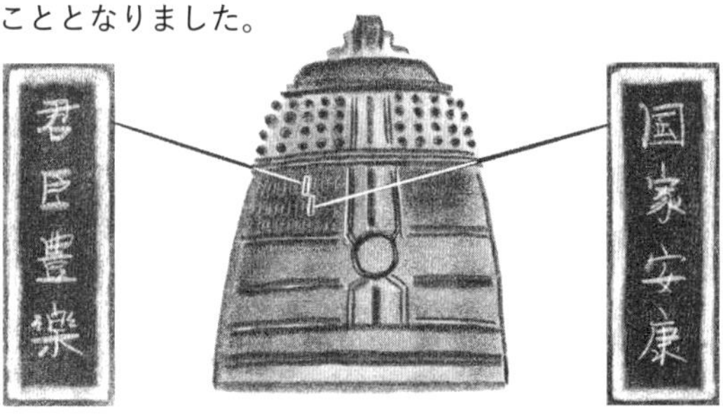

答026

紫衣《しえ》事件

解説

紫衣とは文字通り紫色の袈裟で、高く徳を積んだ僧などに朝廷から与えられるものでしたが、朝廷の収入にもなっていたこともあり、幕府は禁中《きんちゅう》並《ならびに》公家《くげ》諸法度《しょはっと》（P61,答027参照）によってみだりに与えることを禁止しました。それに反して紫衣を与えた後水尾天皇と幕府が対立することとなったのが紫衣事件です。なお、この時流罪となった僧の一人に沢庵宗彭《たくあんそうほう》がいますが、大根の漬物である「たくあん」は彼にちなんで名づけられたと言われています。

答027

島原《しまばら》の乱（島原・天草一揆）

解説

島原の乱を鎮圧した松平信綱《まつだいらのぶつな》はその武功から川越《かわごえ》藩の藩主に任じられると政治的にも功績を残し、伊豆守《いずのかみ》であったことから「知恵《ちえ》伊豆《いず》」と呼ばれました。

答028

由井《ゆい》（由比）正雪《しょうせつ》の乱

解説

この事件の背景にあったのは天下太平の世を望まない浪人や秩序に収まらないかぶき者の増加でした。浪人増加の背景には、「末期養《まつごよう》子《し》の禁」という制度がありました。大名が跡継ぎとなる子がいないまま亡くなりそうな場合などに緊急に養子を取ることを禁じたもので、これにより跡継ぎを失い改易《かいえき》（領地などが没収されること）に遭う大名が相次ぎました。そうした大名に仕えていて職を失った武士のことを牢人《ろうにん》（浪人）といい、増加する牢人らの支持を集めたのが由井正雪でした。この事件により末期養子の禁は緩和されることとなります。

問029

別名「振袖《ふりそで》火《か》事《じ》」ともいう、1657年に発生し江戸の半分以上が焼失したとされる大火事のことを、当時の元号から何というでしょう？

問030

1787年に天明の飢饉を背景に江戸、大坂をはじめ全国の都市で発生し、都市の民衆が富豪の家などを襲撃し、建物を破壊したり物品を奪ったりしたことを、総称して何というでしょう？

問031

1839年、モリソン号事件を批判したことを理由に高《たか》野《の》長《ちょう》英《えい》や渡辺《わたなべ》崋《か》山《ざん》らの蘭学者が処罰された事件を何というでしょう？

問032

1858年から1859年にかけて、大老・井《い》伊《い》直弼《なおすけ》が、政策に反対した一橋派の大名とその家臣らを処罰した弾圧事件のことを、当時の元号から何というでしょう？

問033

幕末の事件で、「桜田門外の変」で暗殺された当時の大老は井《い》伊《い》直弼《なおすけ》ですが、「坂下門外の変」で襲撃された当時の老中は誰でしょう？

答029

明暦《めいれき》の大火《たいか》

解説

「振袖火事」という名前は、今の東京・巣鴨にあった本妙寺《ほんみょうじ》という寺で供養《くよう》のために焼かれた振袖が火元とされていることにちなんでいます。
この火事をきっかけに江戸では防災意識が高まり、その対策のひとつが現在も上野などに残る「広小路《ひろこうじ》」です。木造の建物が密集していると火事の際にすぐ燃え広がってしまうため、幅の広い通りを作ることで延焼を防ごうとしたのです。

答030

打ちこわし

解説

江戸では享保《きょうほう》年間や天明年間に発生し、他の都市でも全国的に発生しました。

答031

蛮社《ばんしゃ》の獄《ごく》

解説

高野長英は『戊戌夢物語《ぼじゅつゆめものがたり》』で、渡辺崋山は『慎機論《しんきろん》』で、それぞれ異国船打払令などの鎖国体制を批判したために処罰されました。
「蛮社」とは彼ら蘭学者の集団のことを意味する「蛮学社中《ばんがくしゃちゅう》」を略した呼び方です。

答032

安政《あんせい》の大獄《たいごく》

解説

これにより100人以上が処分されましたが、その中には松下村塾《しょうかそんじゅく》で多くの志士を育てた吉田松陰《よしだしょういん》や、著書『啓発録《けいはつろく》』で知られる橋本《はしもと》佐内《さない》などもいました。

答033

安藤信正《あんどうのぶまさ》

解説

桜田門外の変（1860年）は、朝廷の許可を得ず日米修好通商条約を締結したことなどにより尊王攘夷《そんのうじょうい》派の志士の怒りを買った井伊直弼が暗殺された事件。坂下門外の変（1862年）は、井伊直弼の死を受けて老中に就任した安藤信正が、公武合体を推し進めたことにより同じく反発を受けて襲撃された事件。

なお、桜田門も坂下門も、当時の江戸城にあった門のひとつです。桜田門は地下鉄の駅名になっているほか、その正面に警視庁の庁舎があることから、警視庁のことを指す隠語としても使われています。

問034

1862年、薩摩《さつま》藩の島津久光《しまづひさみつ》一行の行列に遭遇したイギリス人が非礼を働いたとして殺傷された事件を何というでしょう？

問035

1864年、京都を追われた長州藩士が薩摩、会津、桑名を中心とする諸藩と交戦した事件のことを、その事件が起きた場所の近くにあった門の名前から何というでしょう？

問036

1868年、徳川慶喜の辞官納地《じかんのうち》に激怒した旧幕府の兵が入京し、薩長兵と交戦した出来事で、戊辰《ぼしん》戦争の発端となったのは何でしょう？

問037

1874年、政治家・江藤新平《えとうしんぺい》を中心とする征韓党《せいかんとう》が九州で起こした士族反乱の一つは何でしょう？

問038

1886年、イギリスの貨物船が紀伊半島沖で難破した際、日本人乗客を全員見殺しにした船長が無罪になったことで領事裁判権《りょうじさいばんけん》が問題視されることとなった事件を、その船の名前から何というでしょう？

Answer

答034

生麦《なまむぎ》事件

解説

この「生麦」とは現在の横浜市鶴見《つるみ》区の地名で、京急本線の駅名にもなっています。
この事件をきっかけとして翌年、薩摩藩とイギリスの間で薩英《さつえい》戦争が起きることになります。

答035

蛤《はまぐり》御門《ごもん》の変（禁門《きんもん》の変）

解説

前年の1863年に起きた「八月十八日の政変」というクーデタで京都を追われていた長州藩でしたが、1864年7月の池田屋事件に刺激される形で再び京都に入り、そこで武力衝突が起きることとなりました。蛤御門という門は京都御苑の西側にあった門で、滅多に開かなかったものの御所で火事が起きた時だけ開いたということから、ハマグリのようであるということでこう呼ばれるようになったといわれています。

答036

鳥羽《とば》・伏見《ふしみ》の戦い

解説

戊辰戦争にはその後以下のような戦いが続きました。
上野《うえの》戦争…旧幕臣によって結成された彰義隊《しょうぎたい》の立てこもり事件（現在の東京都）
会津《あいづ》戦争…少年兵の白虎隊《びゃっこたい》が飯盛山《いいもりやま》で自刃（現在の福島県）
箱館《はこだて》戦争…五稜郭《ごりょうかく》で榎本武揚《えのもとたけあき》らが降伏（現在の北海道）

答037

佐賀《さが》の乱

解説

士族反乱とは、かつての武士階級にあたる士族が、さまざまな特権を廃止するという政府の決定に反発して各地で起こした反乱です。佐賀の乱の後、熊本県で神風連《しんぷうれん》の乱、福岡県で秋月《あきづき》の乱、山口県で萩《はぎ》の乱が立て続けに起き、西郷隆盛《さいごうたかもり》による西南《せいなん》戦争へとつながっていきます。

答038

ノルマントン号事件

解説

領事裁判権とは、在留外国人の裁判をその本国の領事が行う権利で、いわゆる「治外法権」の一つです。日米修好通商条約で設定されていましたが、この事件を機に1894年に廃止されました。日本史に出てくる海外の船の名前としては他に以下のようなものがあります。

サン＝フェリペ号…1596年に土佐に漂着したスペインの船。二十六聖人殉教が起こる原因

リーフデ号…1600年に豊後国（現在の大分県）に漂着したオランダの船。ヤン・ヨーステンやウィリアム・アダムスなどが来日

フェートン号…1808年に長崎湾に侵入したイギリスの船。異国船打払令が発せられるきっかけの一つ

モリソン号…1837年に鹿児島と浦賀に来航したアメリカの船。異国船打払令により砲撃される

問039

1891年、ロシア皇太子ニコライが警察官の津田《つだ》三蔵《さんぞう》に切りつけられた事件のことを、それが起きた滋賀県の地名から何事件というでしょう？

問040

日清《にっしん》戦争の講和条約は下関《しものせき》条約ですが、日露《にちろ》戦争の講和条約は「何条約」でしょう？

問041

1914年に発覚し、第一次山本権兵衛《やまもとごんべえ》内閣の総辞職を招いた贈収賄《ぞうしゅうわい》事件のことを、ドイツの企業の名を取って「何事件」というでしょう？

問042

1918年にここで起きた蜂起がきっかけとなって全国で「米騒動《こめそうどう》」が引き起こされた、米どころとして知られる都道府県はどこでしょう？

問043

1923年に発生した関東大震災に際して、無政府主義者の大杉栄《おおすぎさかえ》とその内縁の妻であった伊藤野枝《いとうのえ》らが憲兵隊に連行・殺害された事件を何というでしょう？

問044

日本の支援により満州を統一した政治家で、1928年、蒋介石《しょうかいせき》らの北伐《ほくばつ》軍から逃げているところを爆殺されたのは誰でしょう？

Answer

答039

大津《おおつ》事件

解説

日露関係の悪化を恐れた政府が津田の死刑を要請するも、当時の大審院長《だいしんいんちょう》・児嶋《こじま》惟謙《いけん》《これたか》は法律にのっとって無期徒刑《むきとけい》の判決をくだしたことから、司法権の独立を守った事件として法律学上重要な事件のひとつとして知られています。
ちなみに皇太子のニコライはのちにニコライ2世としてロシア皇帝に就任しますが、これがロシアの歴史上最後のロシア皇帝となりました。

答040

ポーツマス条約

解説

総理大臣・伊藤博文と外務大臣・陸奥宗光《むつむねみつ》が日本側の全権として調印した下関条約は、台湾・遼東《りょうとう》半島・澎湖《ほうこ》諸島の日本への割譲や2億両の賠償金の支払いなどが定められました。
一方、外務大臣・小村寿太郎《こむらじゅたろう》が日本側の全権として調印したポーツマス条約は旅順《りょじゅん》・大連《だいれん》の租借《そしゃく》権などが認められたものの、賠償金を放棄する内容であったため世論からは反対の声が上がり、日比谷焼き打ち事件などの暴動事件が起こることとなりました。

答041

シーメンス事件

解説

似たような汚職事件に、前首相・田中角栄《たなかかくえい》の逮捕につながったロッキード事件（1976年）、竹下登《たけしたのぼる》内閣の総辞職を招いたリクルート事件（1988年）などがあります。
また、第二次山本内閣は1923年の虎ノ門《とらのもん》事件によって総辞職しました。

答042

富山県

解説

第一次世界大戦が始まると日本は空前の好景気（大戦景気）でわきましたが、それにともない都市人口が増加して米の需要が高まり、米価はじわじわと上昇していました。そこにシベリア出兵目当ての米商人による買い占めが重なったことから米価は急騰しました。社会不安が増大したことから、富山県の漁村の主婦たちによって「越中《えっちゅう》女［女房］一揆」と呼ばれる騒動が発生し、他の県にも派生していくことになりました。

答043

甘粕《あまかす》事件

解説

殺害した憲兵大尉・甘粕正彦《まさひこ》の名にちなみます。甘粕は服役後満州国に渡り、満州事変にも関わるなど大きな権力を持ちました。

答044

張作霖《ちょうさくりん》

解説

河本大作《こうもとだいさく》ら日本の関東軍が首謀者であったものの、当時の日本政府の方針により「満州某重大事件」という名前が使用され、真相が隠されていました。

問045

1932年、前大蔵《おおくら》大臣の井上《いのうえ》準《じゅん》之《の》助《すけ》や団《だん》琢《たく》磨《ま》が暗殺された事件を、それを起こした右翼団体の名前を取って「何事件」というでしょう？

問046

1932年、海軍の青年将校らが首相官邸などを襲撃し、当時の内閣総理大臣・犬養《いぬかい》毅《つよし》を暗殺した事件のことを、その日付から何というでしょう？

問047

1945年8月、ポツダム宣言を受諾した時の日本の第42代内閣総理大臣は誰でしょう？

問048

1949年、当時の国鉄総裁が東京・綾瀬《あやせ》駅付近にて轢死体《れきしたい》で発見された事件のことを、その総裁の苗字を取って何というでしょう？

問049

1954年、アメリカのビキニ環礁《かんしょう》で行われた水素爆弾実験に巻き込まれ、放射能を浴びた乗組員・久保山愛吉《くぼやまあいきち》が亡くなった漁船は何でしょう？

問050

1957年、現在の東京都立川《たちかわ》市にあった在日米軍飛行場の拡張に対し、デモを行っていた現地住民が基地に立ち入ろうとして警官隊と衝突した事件を、当時の町名から何というでしょう？

Answer

答045

血盟団《けつめいだん》事件

解説

血盟団は井上日召《いのうえにっしょう》を中心とした右翼団体で、「一人一殺主義」を掲げ、要人暗殺による国家改造を計画しました。ちなみに、この「日召」という名前は本名の「昭《あきら》」を分解して名づけたものです。

答046

五・一五事件

解説

名前がよく似た「二・二六事件」はその4年後の1936年、陸軍の青年将校らが首相官邸などを襲撃し、当時の大蔵大臣・高橋是清《たかはしこれきよ》や内大臣の斎藤実《さいとうまこと》らを暗殺した事件です。

答047

鈴木貫太郎《すずきかんたろう》

解説

鈴木内閣は戦争終結を図るため1945年4月に組閣されました。終戦後の8月17日に総辞職し、皇族として史上唯一の内閣総理大臣となる東久邇宮稔彦王《ひがしくにのみやなるひこおう》が就任しました。

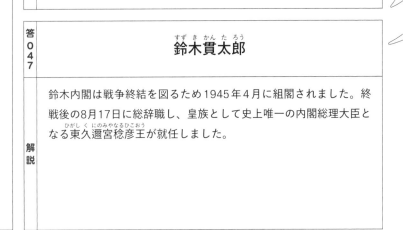

答048

下山《しもやま》事件

解説

国鉄(現在のJR)の総裁・下山定則《さだのり》の死の真相は未だに明らかになっていません。
同じく1949年に発生した、無人列車が暴走した三鷹《みたか》事件、列車が転覆させられた松川《まつかわ》事件とともに「国鉄三大ミステリー事件」に数えられています。

答049

第五福竜丸《だいごふくりゅうまる》

解説

広島・長崎の原爆投下とともに、日本国民の原爆・水爆への反感が強まった事件となり、これを機に国内で原水爆禁止運動が高まっていくこととなりました。

答050

砂川《すながわ》事件

解説

地方裁判所の第一審判決で、米軍の日本駐留を認める日米安全保障条約は日本国憲法第九条に違反するという判決を出しました。
その後、最高裁判決では、高度な政治性を有する国家行為については司法が判断をくだすべきでないという「統治行為論」を採用し、この判決を棄却しました。

MEMO

02 政治・法令

問001

603年に制定された「冠《かん》位《い》十《じゅう》二《に》階《かい》」で、濃い紫色の冠を着けたと伝えられる、最も上の冠位は何でしょう？

問002

670年に天智天皇のもとで作られた、日本で最初の全国的な戸籍のことを、当時の干支から何というでしょう？

問003

684年に制定された「八色《やくさ》の姓《かばね》」で、一番目に位が高いものを真人《まひと》といいますが、上から二番目に位が高いものを何というでしょう？

問004

持統《じとう》天皇が治めていた694年から、平城京に遷都される710年まで日本の宮都が置かれた、現在の奈良県にあった都はどこでしょう？

問005

もともと中国の都城で用いられており、平城京や平安京などの都で採用された、朱《す》雀《ざく》大《おお》路《じ》を中心に碁盤の目のように配置された都市区画のことを「何制」といったでしょう？

問006

701年、刑部親王《おさかべしんのう》や藤原《ふじわらの》不《ふ》比《ひ》等《と》らによって編纂《へんさん》された法律を、当時の元号から何というでしょう？

Answer

答001

大徳《だいとく》

解説

上から順に大徳、小徳、大仁、小仁、大礼、小礼、大信、小信、大義、小義、大智、小智の12階の冠位が制定されました。この冠位は大化の改新に伴い13の冠位に再編され、その後何度かの改編を経て、大宝律令の制定で30階級の位階制《いかいせい》に落ち着きました。
ちなみに紫は国内外問わず昔から高貴な色とされており、それは紫色を作るための染料が高価だったからなどという説があります。

答002

庚午年籍《こうごねんじゃく》
こうごのねんじゃく

解説

この戸籍は現存はしていないものの、西は九州から東は常陸《ひたち》や上《こう》野《ずけ》までをカバーしていたと考えられています。
その後690年に庚寅年籍《こういんねんじゃく》《こういんのねんじゃく》が作られ、口分田《くぶんでん》を支給する基準になりました。

答003

朝臣《あそん》
あそみ

解説

姓《かばね》とはヤマト政権の頃から使われていた身分や家柄を示す称号のことです。
八色の姓では、上から真人、朝臣、宿禰《すくね》、忌寸《いみき》、道師《みちのし》、臣《おみ》、連《むらじ》、稲置《いなぎ》の８つの姓が制定されました。ただし、道師以下の姓は実際には与えられていなかったと伝えられています。

答004

藤《ふじ》原《わら》京《きょう》

解説

桓武《かんむ》天皇が治めていた784年から、平安京に遷都される794年まで首都が置かれた「長岡京《ながおかきょう》」と混同しがちです。長岡京は現在も京都府長岡京市に名を残しているので、奈良県から奈良県に、京都府から京都府に移されたと覚えておきましょう。

答005

条《じょう》坊《ぼう》制《せい》

解説

似た言葉に「条《じょう》里《り》制《せい》」があります。こちらは班田収授をしやすくするため、農村を碁盤の目のように区切った制度のことです。

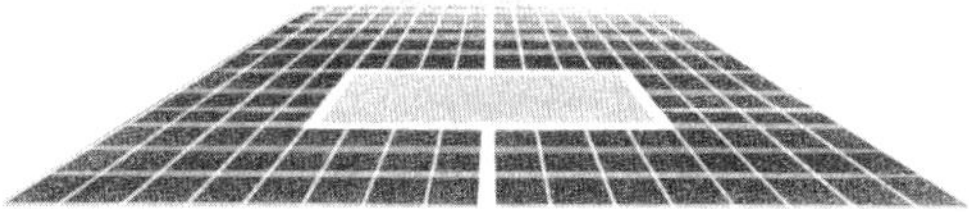

答006

大《たい》宝《ほう》律令《りつりょう》

解説

大宝律令の本文は現存していません。「律令」とは国家を運営するための法律のことで、「律」は現在でいう刑法、「令」は行政法や民法にあたります。
ちなみに、大宝律令より前に存在した法律に飛《あす》鳥《か》浄《きよ》御《み》原《はら》令《りょう》がありますが、こちらも本文は現存していません。

Question

問007

天武天皇の孫で、藤原《ふじわらの》不比等《ふひと》が亡くなった後は左大臣に就任するなど政治の実権を握るものの、729年に謀反《むほん》の疑いがあるとして追われ、一族とともに自害した人物は誰でしょう？

問008

仏教に深く帰依《きえ》し、国分寺の建立《こんりゅう》や東大寺の大仏の造立《ぞうりゅう》などを命じた、奈良時代に在位した第45代天皇は誰でしょう？

問009

これにより豪族や寺社などによる荘園が誕生することとなった、20年前に出された「三世一身法《さんぜいっしんほう》《さんぜいっしんのほう》」に代わって発布され、「自分で新しく開墾した土地はずっと自分の所有地にできる」こととした743年の法令は何でしょう？

問010

藤原不比等の子が興した「藤原四家」のうち、藤《ふじ》原《わらの》房前《ふささき》から始まり、のちに摂関政治を展開する道長《みちなが》・頼通《よりみち》親子へとつながる家系は何でしょう？

問011

平安時代に白河《しらかわ》上皇が行ったのが最初である、天皇の地位を子に譲った上皇（太上天皇）が、その天皇に代わって実際の政務を行う政治形態を、漢字2文字で何というでしょう？

問012

白河上皇が設置した、院御所《いんのごしょ》を警備するための武士のことで、武士が中央政権に進出する足がかりとなったのは何でしょう？

Answer

答007

長屋王《ながやおう》

解説

この事件を「長屋王の変」といいます。
また、1988年に現在の奈良市で長屋王の邸宅跡が発見され、発掘の結果、木簡《もっかん》（紙が普及する以前、文字を書くのに用いた木の板）が大量に発見されました。

答008

聖武《しょうむ》天皇

解説

聖武天皇は当時の情勢不安を受けて何度も遷都したことでも知られ、平城京から恭仁京《くにきょう》（京都府木津川市）、難波京《なにわきょう》（大阪府大阪市）、紫香楽宮《しがらきのみや》（滋賀県甲賀《こうか》市）と移して最終的に平城京に戻ってきました。
なお紫香楽宮がある甲賀市は、タヌキの置物で有名な信楽焼《しがらきやき》の産地としても知られています。〝しが〟らきは〝しが〟県なので覚えやすいですね。

答009

墾田永年私財法《こんでんえいねんしざいほう》

解説

大宝律令以降の日本では「班田収授法《はんでんしゅうじゅほう》《はんでんしゅうじゅのほう》」といって、民衆に農地を支給し、収穫物の一部を納入させるという制度が取られましたが、耕作を放棄したり逃亡したりする者が増えるなどして次第に農地が荒廃することとなります。そんな背景で出されたのが「三世一身法」で、開墾した土地は時期を限って私有を認めるという内容でしたが、これもあまり効果が出なかったため、さらに開墾を進めるために「墾田永年私財法」が出されました。

答010

北家《ほっけ》

解説

藤原四家とは、不比等の長男である武智麻呂《むちまろ》が興した南家《なんけ》、次男・房前が興した北家、三男・宇合《うまかい》が興した式家《しきけ》、四男・麻呂《まろ》が興した京家《きょうけ》のことです。

答011

院政《いんせい》

解説

上皇が発令する文書は院宣《いんぜん》、院の家政機関を院庁《いんのちょう》、院庁から発給する文書は院庁下文《いんのちょうくだしぶみ》といいます。
これまでに院政を行った上皇は27人おり、今のところ最後の院政を行った人物は江戸時代の光格《こうかく》天皇です。

答012

北面《ほくめん》の武士

解説

似たようなものに、鎌倉時代に後鳥羽《ごとば》上皇が設置した「西面《さいめん》の武士」があります。文字通り、前者は御所の北側、後者は御所の西側に配置されていました。
ちなみに、北面の武士には公家の人物も含まれていましたが、西面の武士は御家人を中心に選ばれました。また、北面の武士はその後しばらく存在しましたが、西面の武士は後鳥羽上皇が承久《じょうきゅう》の乱で配流されるとすぐ廃止されました。

Question

問013

嵯峨《さが》天皇によって設置された、京都の治安維持の役割を持った令外官《りょうげのかん》のひとつは何でしょう？

問014

後世に理想的な政治だと評価された平安時代中期の「延喜《えんぎ》・天暦《てんりゃく》の治《ち》」で、「延喜の治」は醍醐《だいご》天皇の治世を指しますが、「天暦の治」は何という天皇の治世を指すでしょう？

問015

平安時代後期から力を強めた荘園《しょうえん》が持った権利で、国家への租税の一部または全部が免除されることを「何の権」といったでしょう？

問016

初代別当《べっとう》を和《わ》田《だ》義盛《よしもり》が務めた、御家人の統率と軍事・警察の任にあたった鎌倉幕府の機関は何でしょう？

問017

承久《じょうきゅう》の乱のあと、鎌倉幕府が朝廷の監視や西国の御家人の統括のために、京都に置いた機関を何というでしょう？

答013

検非違使《けびいし》

解説

「令外官」は、律令制度の中で律令に規定がなく、新たに設置された官職のことです。摂政や関白などもこれにあたります。
検非違使と混同されがちなのが、桓武《かんむ》天皇の時に設置された勘解《かげ》由使《ゆし》で、国司《こくし》交替の際に不正がないかどうか監視する役割を持ったものです。検非違使（〝け〟びいし）は警察（〝け〟いさつ）の役割を持っており、勘解由使（〝か〟げゆし）は監視（〝か〟んし）の役割を持ったと覚えましょう。

答014

村上《むらかみ》天皇

解説

醍醐天皇は摂関を置かず、天皇自ら政治を行い（これを天皇親政という）、『延喜格式《きゃくしき》』の編纂や延喜の荘園整理令の発布などの政策を実施しました。
その醍醐天皇の子である村上天皇は同じく天皇親政により『後撰《ごせん》和歌集』の編纂などを行いました。
ただし、どちらの治世も実際には藤原家が背後につき、強い影響を持っていたと言われています。

答015

不輸《ふゆ》の権

解説

同じような権利に、国家からの使者の立ち入り調査を拒否できることを「不入《ふにゅう》の権」といい、この二つがセットで当時の荘園が持つ権力の強さを表しています。

答016

侍所《さむらいどころ》

解説

鎌倉幕府の主な機関に、公家の家政を担当する政所《まんどころ》（初代別当は大江広元《おおえのひろもと》）や、訴訟を担当する問注所《もんちゅうじょ》（初代執事《しつじ》は三善康信《みよしやすのぶ》）などがあります。これらの名称は室町幕府でも同じく使われています。

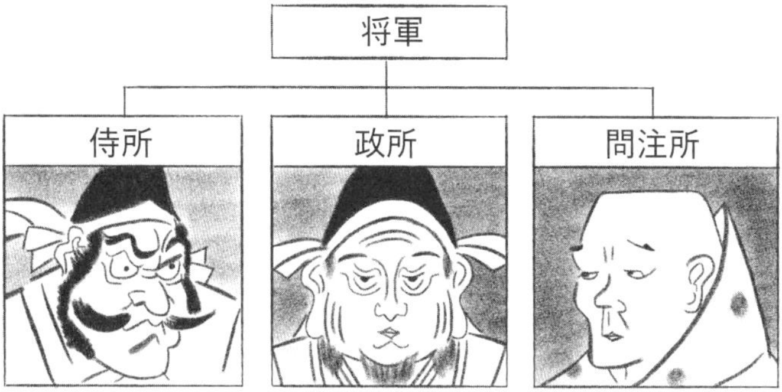

答017

六波羅探題《ろくはらたんだい》

解説

鎌倉幕府や江戸幕府は東日本にあったため、京都にある朝廷の動きを監視したり、西日本の御家人や大名を監視したりする役割を西日本に置く必要がありました。
鎌倉幕府では当初「京都守護《きょうとしゅご》」が置かれましたが、のちに六波羅探題に改組されました。
江戸幕府では「京都所司代《きょうとしょしだい》」が置かれ、幕末にはその上位機関として「京都守護職」が置かれました（鎌倉幕府の京都守護と紛らわしいですね）。

問018

元号から「貞永式目《じょうえいしきもく》」ともいう、1232年、執権《しっけん》の北条泰時《ほうじょうやすとき》が制定した武士のための法令を何というでしょう？

問019

第89代の後深草《ごふかくさ》天皇に始まり「北朝《ほくちょう》」へとつながる皇室の系統のことを、平安京の中にあった寺院の名前を取って「何統」というでしょう？

問020

1336年、足利尊氏《たかうじ》の諮問に対し中原章賢《なかはらののりたか》（是《ぜ》円《えん》）らが答える形で発表した、室町幕府の施政方針を述べたものを、当時の元号から何というでしょう？

問021

くじ引きで選ばれたことから「くじ引き将軍」と呼ばれることもある、永享《えいきょう》の乱で足利持氏《もちうじ》を自害させるなど強圧政治を行った室町幕府六代将軍は誰でしょう？

問022

戦国時代、諸国の大名が自身の領地を統治するために制定した法令のことを、総称して何というでしょう？

問023

江戸時代の大名のうち、関ヶ原の戦い前後に新しく徳川氏の臣下となったもののことを「何大名」というでしょう？

答018

御成敗式目《ごせいばいしきもく》

解説

源頼朝以来の先例や武家社会の道理を基準とした51条からなる、日本最初の武家法です。あくまで武士社会にのみ適用されるものであったため、朝廷の支配下では公家法《くげほう》が効力を持ちました。

答019

持明院統《じみょういんとう》

解説

第90代の亀山《かめやま》天皇に始まり「南朝《なんちょう》」へとつながるのが大覚寺統《だいかくじとう》で、皇統が北朝と南朝の二つに分かれていた時代を南北朝時代といいます。また、南北朝時代の前に、持明院統と大覚寺統から交互に天皇を擁立したことを両統迭立《りょうとうてつりつ》といいます。

答020

建武式目《けんむしきもく》

解説

室町幕府の基本法としては鎌倉幕府に引き続き御成敗式目が使われており、建武式目より後に追加された法令を「建武以来追加《けんむいらいついか》」といいます。

答021

足利義教《よしのり》

解説

その強権的な政治手法は周囲の反発を呼び、1441年の嘉吉《かきつ》の変（嘉吉の乱）によって守護大名・赤松満祐《あかまつみつすけ》に殺害されました。
しかし、「くじ引きで選ばれた」というエピソードの印象が強いせいか、クイズではこの前振りで出題されることが大変多いです。

答022

分国法《ぶんこくほう》

解説

代表的な分国法に、171条という最多の条文数があった伊達《だて》家の『塵芥集《じんかいしゅう》』、訴訟に関して詳しく述べた今川氏の『今川仮名目録《いまがわかなもくろく》』、喧嘩両成敗が規定されていることで知られる武田家の『甲州法度《こうしゅうはっとの》次第《しだい》』などがあります。

答023

外様《とざま》大名

解説

もともと「外様」という言葉は、家臣の中でも比較的縁遠い者を指した言葉で、江戸時代にこのような意味合いで使われるようになりました。
徳川氏一門の大名を「親藩《しんぱん》」、関ヶ原の戦い以前から仕えた大名を「譜代《ふだい》大名」といいます。

問024

江戸時代、親藩の最高位である「徳川御三家」に数えられた三つの分家といえば、尾張《おわり》家、紀伊《きい》家とあと一つは何でしょう？

問025

江戸時代、将軍への忠誠を確認するために義務づけられたものの、結果として藩の財政を圧迫する要因にもなった、各地の大名に江戸と領地との間を定期的に往復させた制度を何というでしょう？

問026

金地院崇伝《こんちいんすうでん》が起草した、1615年、江戸幕府が各地の大名を統制するために出した法令を何というでしょう？

問027

金地院崇伝《こんちいんすうでん》が起草した、1615年、江戸幕府が朝廷らを統制するために出した法令を何というでしょう？

問028

江戸幕府の将軍の家臣のうち、石高《こくだか》が一万石《ごく》未満で御目見得《おめみえ》が許された者のことを何というでしょう？

Answer

答024

水戸《みと》家

解説

それぞれ初代将軍・徳川家康の子である義直《よしなお》、頼宣《よりのぶ》、頼房《よりふさ》が始祖となり、将軍の後継者はこの御三家から出すことと定められていました。ただし、実際には尾張家から将軍は出ませんでした。

答025

参勤交代

解説

しばしば「大名に謀反を起こさせないことを目的に、各藩の財政を圧迫したり、大名の正室などを江戸に住まわせて人質としたりした」というような説明がされますが、それは結果的にそうなっただけで、本来の目的は問題文に書いたようなことだったいう説が有力です。

なお、参勤交代は江戸初期の1635年に制度化されてから、1867年の大政奉還まで制度上は続いていました。

答026

武家諸法度《ぶけしょはっと》

解説

二代将軍徳川秀忠の時に発布された元和《げんな》令にはじまり、八代将軍徳川吉宗の享保《きょうほう》令まで将軍の代替わりごとに改訂･発布されました。

特に、三代将軍徳川家光の時に発布された寛永令は参勤交代などを義務づけたものとして、五代将軍徳川綱吉の時に発布された天《てん》和《な》令は殉死《じゅんし》の禁止などを義務づけたものとして知られます。

答027

禁中《きんちゅう》並《ならびに》公《く》家《げ》諸《しょ》法《はっ》度《と》

解説

前問の武家諸法度と制定年や起草者が同じであり、名前も似ていることから混同に気を付けましょう。
天皇は学問に専念することや、公家の中の順位付けなど、17の条文から構成されています。
この法令には、幕府と朝廷の関係性を明確にし、将軍は天皇に許しを得て政治を執り行っていることを公に知らせるという意味合いがありました。それと同時に、戦国時代の混乱により一度失われかけた朝廷や公家の秩序を、幕府によって回復させるという意味合いもあり、幕府側だけでなく公家側にもメリットがあったと考えられています。

答028

旗本《はたもと》

解説

これに対し、御目見得が許されなかった者のことを「御家人《ごけにん》」といいました。鎌倉時代に、将軍の御恩《ごおん》に対して奉公《ほうこう》をもって仕えた武士のことも同じく御家人と呼んだため、混同しないようにしましょう。

Question

問029

江戸幕府で設置された「三奉行《さんぶぎょう》」とは、寺社奉行、勘定《かんじょう》奉行と、あと一つは何でしょう？

問030

江戸幕府初代将軍・徳川家康の孫にあたり、三代将軍・家光《いえみつ》と、四代将軍・家綱《いえつな》を補佐して幕政を安定させた、会津《あいづ》松平家の初代にあたる大名は誰でしょう？

問031

江戸幕府五代将軍・徳川綱吉《とくがわつなよし》が「犬公方《いぬくぼう》」と呼ばれる一因となった、極端な動物愛護令のことを総称して何というでしょう？

問032

江戸幕府六代将軍・徳川家宣《いえのぶ》と七代将軍・家継《いえつぐ》のもとで「正徳《しょうとく》の治」と呼ばれる政治を推し進めた儒学者は誰でしょう？

問033

江戸幕府八代将軍・徳川吉宗《よしむね》が行った政治改革のことを、当時の元号から「何の改革」というでしょう？

問034

江戸幕府八代将軍・徳川吉宗のもと1742年に完成した、裁判や刑罰の基準を明文化した103条からなる基本法典は何でしょう？

Answer

答029

町《まち》奉行

解説

「三奉行」というと三つが並列して存在したように感じますが、勘定奉行と町奉行は老中《ろうじゅう》の下に置かれ旗本《はたもと》から任命されたのに対し、寺社奉行は将軍直属で譜代大名から任命されたものであり、寺社奉行だけが少し上の立場にありました。

答030

保《ほ》科《しな》正《まさ》之《ゆき》

解説

家光までの治世を武断《ぶだん》政治といったのに対し、保科が推し進めた比較的温和な政策のことを文治《ぶんち》政治といいました。また、保科の政治は朱子学に基づいており、江戸時代に朱子学が盛んになる重要な役割を果たしました。

答031

生《しょう》類《るい》憐《あわれ》みの令

解説

「犬公方」と言われることから、犬に対する保護が手厚かったイメージが強いですが、実際にはさまざまな動物だけでなく捨て子や病人など人間に対する保護も規定されていました。また、「生類憐みの令」という一つの法律があったというわけではなく、綱吉が数年にわたって発布した法令を総称してこう呼びます。
ちなみに綱吉が生まれたのは1646年で戌《いぬ》年であったことも「犬公方」の名の由来のひとつとされています。

答032

新井《あらい》白石《はくせき》

解説

側用人《そばようにん》に就任した間《ま》部《なべ》詮房《あきふさ》とともに将軍を補佐し、貨幣の質を上げたり、長崎における貿易量を制限したりするといった政策を取りました。

答033

享保《きょうほう》の改革

解説

相対済令《あいたいすましれい》、足高《たしだか》の制、上米《あげまい》の制といった政策や、目安箱の設置などが行われました。

答034

『公事方御定書《くじかたおさだめがき》』

解説

この編纂に関わった一人が当時の町奉行であった大岡忠相《おおおかただすけ》です。越前守《えちぜんのかみ》であり、見事な裁判を見せたことから「大岡越前《おおおかえちぜん》」と呼ばれ、時代劇などで主人公として描かれました。

問035

江戸幕府九代将軍・徳川家重《いえしげ》と十代将軍・家治《いえはる》の時代に側用人と老中《ろうじゅう》を兼任し、政治の実権を握った大名は誰でしょう？

問036

江戸幕府八代将軍・徳川吉宗の孫にあたり、十一代将軍・家斉《いえなり》の時に老中《ろうじゅう》となって寛政《かんせい》の改革を推し進めた大名は誰でしょう？

問037

江戸幕府十二代将軍・徳川家慶《いえよし》の時に老中となり、天保《てんぽう》の改革を主導した大名は誰でしょう？

問038

天保《てんぽう》の改革の中で発布された、江戸に流入した没落農民たちを農村に帰らせ、江戸の治安回復を図った法令は何でしょう？

問039

仁孝《にんこう》天皇の子で孝明《こうめい》天皇の妹にあたる、公武合体運動の一環として、江戸幕府十四代将軍・徳川家《とくがわいえ》茂《もち》と結婚した女性は誰でしょう？

問040

1867年、江戸幕府十五代将軍・徳川慶喜《とくがわよしのぶ》が天皇に政権を返上したことを、漢字4文字で何というでしょう？

Answer

答035

田沼《たぬま》意次《おきつぐ》

解説

田沼が政権を握っていた時代を「田沼時代」などと呼びます。直前の徳川吉宗が緊縮財政策を取ったのに対し、田沼は商業資本の積極的な利用を図り、産業振興策を推し進めました。しかしその一方で賄賂《わいろ》が横行したことで不評を買い、家治の死と同時に失脚しました。

答036

松平《まつだいら》定信《さだのぶ》

解説

田沼の政治とは逆に、緊縮財政や風俗の取り締まりを中心に行われました。朱子学ではない儒学の学派を扱う、幕府の学問所での講義を禁じた「寛政異学の禁」で知られています。

答037

水野《みずの》忠邦《ただくに》

解説

享保の改革、寛政の改革、天保の改革をまとめて、江戸時代の三大改革といいます。具体的には問38のもののほか、株仲間の解散、風俗取締令、印旛《いんば》沼掘割《ぬまほりわり》工事などが行われました。

答038

人返しの法（人返し令）

解説

天明の飢饉《ききん》以降江戸を中心に発生した「打ちこわし」への対策として、もともとは寛政の改革で「旧里帰農令《きゅうりきのうれい》」という法令が出されていましたが、こちらは農民の帰村を奨励しただけであり強制力が無かったため、あまり効果がありませんでした。
そのためこの人返しの法では江戸へ新たに農民が流入することなどを禁じました。

答039

和宮《かずのみや》（親子《ちかこ》内親王）

解説

公武合体運動とは、幕末の混乱期において朝廷（公）と幕府（武）の提携により政局を安定化させようとした運動のことです。皇族である和宮が皇族以外の男性のもとに嫁《とつ》ぐことを降嫁《こうか》といい、公武合体を象徴する出来事となりました。

答040

大政奉還《たいせいほうかん》

解説

この舞台となった徳川家康が作らせた京都の二条城《にじょうじょう》は世界遺産に指定され、観光地としても人気のスポットになっています。
ちなみに、江戸幕府が廃止されるのはこの2か月後、「王政復古《おうせいふっこ》の大号令」が出されることによります。

問041

「広く会議を興《おこ》し、万機公論に決すべし」など五つの条文からなる、1868年に発表された明治政府の基本方針は何でしょう？

問042

1869年、明治維新の一環として各地の藩主が土地と人民を朝廷に返還した出来事を、漢字4文字で何というでしょう？

問043

大隈重信《おおくましげのぶ》が初代総理（党首）を務めた、1882年に自由民権運動の中で結成された政党は何でしょう？

問044

大日本帝国憲法成立を前に、民間で発案された憲法の私案のことを、総称して「何憲法」というでしょう？

問045

制定した主体に基づく憲法の分類で、日本国憲法を「民定憲法」というのに対し、大日本帝国憲法を「何憲法」といったでしょう？

問046

1900年、第二次山縣内閣で公布された、陸・海軍の大臣を現役の大将・中将《ちゅうじょう》のみから任用するという制度のことを何というでしょう？

Answer

答041

五箇条の誓文（御誓文《ごせいもん》）

解説

五箇条の誓文（御誓文）が出された翌日には「五榜《ごぼう》の掲示」が発表されました。こちらは明治政府が民衆に対して禁止する5つのことを書かれた札で、キリスト教を禁止するなど江戸幕府の民間統制を踏襲する内容になっていました。

答042

版籍奉還《はんせきほうかん》

解説

土地のことを「版図《はんと》」、人民のことを「戸籍」ということにちなみます。
その後、1871年の「廃藩置県《はいはんちけん》」によって藩が廃止され、全国に府と県を置くことになります。

答043

立憲改進党《りっけんかいしんとう》

解説

前年に板垣退助《いたがきたいすけ》を初代総理として結成された自由党とともに、自由民権運動を代表する政党となりました。

答044

私擬《しぎ》憲法

解説

有名な私擬憲法に、自由民権運動家・植木《うえき》枝盛《えもり》が起草した『(東洋)大日本国国憲按《こっけんあん》』や、千葉《ちば》卓三郎《たくさぶろう》らが起草した『五日市《いつかいち》憲法(草案)』などがあります。

答045

欽定《きんてい》憲法

解説

民定憲法は「国民によって」制定されたものであるのに対し、欽定憲法は「君主によって」制定されたという違いがあります。

答046

軍部大臣現役武官制《ぐんぶだいじんげんえきぶかんせい》

解説

日露戦争後、第一次山本権兵衛内閣で改正され「現役」でなくてもいいという制度に変更されましたが、二・二六事件後の広田弘毅内閣で復活し、1945年の終戦によって軍部大臣というポスト自体がなくなるまで続きました。

Question

問047

1918年、華族の爵位を持たない人物として初めて内閣総理大臣に就任し「平民宰相《へいみんさいしょう》」と呼ばれた政治家は誰でしょう？

問048

1925年、加藤高明《かとうたかあき》内閣のもとで制定された、国体の変革や私有財産制度の否認を目的とする結社を禁止する法律は何でしょう？

問049

1950年、朝鮮戦争が起きたことを受けてGHQの要請で組織された、日本の準軍事組織を何というでしょう？

問050

1955年11月、保守合同により日本民主党と自由党が結びついて生まれ、鳩山一郎《はとやまいちろう》内閣の発足により政党政治を復活させた政党は何でしょう？

Answer

答047

原敬《はらたかし》

解説

原は初めて本格的政党内閣を組閣したことなどでも知られていますが、1921年、駅員の中岡艮一《なかおかこんいち》によって東京駅で刺殺されました。この刺殺地点は、現在でも東京駅丸の内南口に印が残されています。原以外にも「○○宰相」と呼ばれた総理大臣は複数おり、代表的なものに「ニコポン宰相」こと桂太郎《かつらたろう》、「ライオン宰相」こと濱口《はまぐち》雄幸《おさち》などがいます。

答048

治安維持法

解説

同じ1925年、日本に住む満25歳以上の男性すべてに選挙権を認める「普通選挙法」が制定されました。それまでの選挙は納税額によって選挙権が与えられる制限選挙だったので、普通選挙法は当時の国民にとって良い話だったわけですが、それと引き換えになる形で、国民の活動を制限する治安維持法が制定されました。

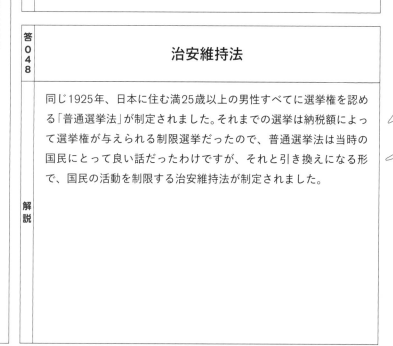

答049

警《けい》察《さつ》予《よ》備《び》隊《たい》

解説

警察予備隊はその後1952年に保《ほ》安《あん》隊《たい》に改編され、さらに1954年、陸上自衛隊へと改組されました。

答050

自由民主党

解説

これにより、衆議院の議席の３分の２を自由民主党が保持する「55年体制」（1955年からなので）が成立しました。1993年の衆院選で自民党が過半数割れを起こし、自民党以外の連立政権となる細《ほそ》川《かわ》護《もり》熙《ひろ》内閣が発足するまで続きました。

MEMO

03

経済・貿易

問001

現在の福岡県福岡市に属する島で、後漢《ごかん》の光武帝《こうぶてい》が日本の奴国《なこく》王に与えたものとされる金印が見つかったことで有名なのはどこでしょう？

問002

1999年には飛鳥《あすか》池《いけ》工房遺跡から33点も出土している、現在日本で最古の鋳造貨幣と考えられている貨幣は何でしょう？

問003

ヤマト政権下において、全国に置かれた朝廷の直轄地のことを、漢字2文字で何というでしょう？

問004

614年に最後の遣隋《けんずい》使《し》として、630年には最初の遣唐《けんとう》使《し》として中国に渡った人物は誰でしょう？

問005

現在の埼玉県秩父市で生産された銅が主に使用された、708年から鋳造された日本で初めての流通貨幣で、「皇朝《こうちょう》十《じゅう》二《に》銭《せん》」の1番目にあたるのは何でしょう？

問006

711年、銭貨の流通を促すことを目的に出された、一定の銭貨を蓄えた者に位階を与えると定めた法令は何でしょう？

答001

志賀島《しかのしま》

解説

「漢委奴国王」と彫られたこの金印は、『後漢書《ごかんじょ》』東夷伝《とういでん》に記載がある印綬《いんじゅ》と同じものと推定されています。
純金製で重さは約108グラム。一辺は約2・3センチと非常に小さく、国宝に指定されているものの中で一番小さいものになっています。

答002

富本銭《ふほんせん》

解説

長らく日本最古の貨幣は別のもの（P83,答005参照）と考えられていましたが、この富本銭の発見に伴いその地位が取って代わられたため、現在の教科書ではこちらを最古とすることも多くなっています。
ただし、富本銭は実際に流通させるためではなく、まじないなどに用いる厭勝銭《えんしょうせん》として作られたに過ぎなかったのではないかという説もあります。

答003

屯倉《みやけ》

解説

もともと収穫物を収める倉庫であったことにその名をちなみます。
また、同時期に豪族が所有していた私有地のことを「田荘《たどころ》」といいます。これらはいわゆる大化の改新によって廃止されました。

答004

犬上御田鍬《いぬがみのみたすき》

解説

618年に隋《ずい》が倒され唐になったため、遣隋使と遣唐使の両方を務めた珍しい人物となりました。
遣隋使として有名な人物に、女性と間違われやすい小野妹子《おののいもこ》がいます。
遣唐使としては『貧窮問答歌《ひんきゅうもんどうか》』を書いた山上憶良《やまのうえのおくら》、「天の原 ふりさけみれば 春日なる 三笠の山に 出でし月かも」の歌を詠んだ阿倍《あべの》仲麻呂《なかまろ》、右大臣にまで昇進した吉備真備《きびのまきび》などがよく知られています。

答005

和同開珎《わどうかいちん》《わどうかいほう》

解説

この銅の産地であった秩父市には「和銅黒谷《わどうくろや》駅」という鉄道駅があります。また、銭貨に刻まれる和同開珎の文字の配置にちなんで、上下左右に熟語を作る漢字パズルを「和同開珎」と呼ぶこともあります。
ちなみに「皇朝十二銭（本朝十二銭とも）」とは律令制度下で鋳造された12種類の硬貨の総称です。12種類のうち最初である和同開珎のほか、最後である乾元大宝《けんげんたいほう》もよく出題されます。

答006

蓄銭叙位令《ちくせんじょいれい》

解説

目的とはうらはらに、手元にたくさんの銭貨をキープしておこうとする人が増え、逆に銭貨が流通しなくなったといわれています。ただし、史料が少なく、実際にどれくらい実施されたかは明らかになっていません。

Question

問007

口分田《くぶんでん》1段につき、収穫量の約3％にあたる2束《そく》2把《わ》を納めるものと定められている、日本の律令制における税のひとつは何でしょう？

問008

増大する荘園の影響を弱体化させることを目的に、902年をはじめ10回以上出された、違法な荘園の停止や制限を行う法令のことを何というでしょう？

問009

1297年、借金に苦しむ御家人《ごけにん》を救済する形で出された、越訴《えっそ》（敗訴した人の再審請求）の禁止、御家人所領の売買や質入れの禁止などを定めた法令を、当時の元号から何というでしょう？

問010

鎌倉幕府後期、蒙古《もうこ》襲来に備えて九州北部の警備を固めるために課した軍役のことを何というでしょう？

問011

室町幕府で行われた日本と中国・明《みん》との貿易のことを、正しい貿易相手であることを確認するために用いた割符《わりふ》の名を取って「何貿易」というでしょう？

問012

14世紀の朝鮮で、日本人の居留・貿易が認められた乃而浦《ないじほ》、富山浦《ふざんほ》、塩浦《えんぽ》の三つの港のことを、まとめて何というでしょう？

答007

租《そ》

解説

律令制における税には主に租、庸《よう》、調《ちょう》、雑徭《ぞうよう》などがあります。庸は、労役につくか、その代わりに布を納めるもの。調は布や糸などの繊維製品を納めるもの。雑徭は年間60日以下の労役につくもの。おもに正丁《せいてい》と呼ばれる21～60歳男性を中心に負担されました。

答008

荘園整理令

解説

特に1069年、後三条天皇の時に出された「延久《えんきゅう》の荘園整理令」は、荘園を調査する機関である記録荘園券契所《きろくしょうえんけんけいじょ》の設置を定めたことでよく知られています。

答009

永仁《えいにん》の徳政令《とくせいれい》

解説

ゲーム『桃太郎電鉄』のカードとしても有名な「徳政令」ですが、日本史上初めて出されたのがこの永仁の徳政令です。債権・債務を放棄する、つまり借金を帳消しにするという法令です。室町時代には建武の新政の一環として建武の徳政令が出されました。また、徳政令を求める農民たちが徳政一揆を起こしたことから、嘉吉の徳政令以降頻繁に発布されるようになりました。なお、一揆に屈した寺社が独自に認めた非公式の徳政のことを「私徳政《しとくせい》」といいます。

答010

異《い》国《こく》警《けい》固《ご》番《ばん》役《やく》

解説

当初は九州の御家人に課されたものですが、元の襲来が強まるとともに全国各地の御家人に課されていきました。
なお、現在も福岡市に「警固《けご》」という地名が残っています。

答011

勘合《かんごう》貿易

解説

当時の貿易においては、「倭寇《わこう》」などと呼ばれた海賊や密貿易を行う船も少なからずいました。そのため、明の皇帝が正規の貿易相手国に与えたのが勘合で、文字の半分が切れるように書かれた紙を互いに保持し、貿易の際に重ねて照合することで確認をしたといわれています。

答012

三浦《さんぽ》《サムポ》

解説

これらの港に置かれた日本人の居留地域を倭館《わかん》といいます。
また、1510年にはここで日本人居留民による反乱・三浦の乱が起きました。

問013

室町時代から見られるようになった、木製の道具に商品を入れて背負い、都市部で売っていた商人たちのことを、その道具の名前から何というでしょう？

問014

1534年にイグナティウス・デ・ロヨラを中心に創設され、日本にカトリックをもたらしたことで知られるキリスト教の修道会のひとつは何でしょう？

問015

36人の会合衆《えごうしゅう》《かいごうしゅう》による自治が行われ、勘合貿易や南蛮貿易で栄えた、現在の大阪府に位置する港町はどこでしょう？

問016

戦国時代以降の日本で、ポルトガル人やスペイン人などのことを「南蛮人《なんばんじん》」と呼んだのに対し、オランダ人やイギリス人などのことを「何人」と呼んだでしょう？

問017

秀吉による検地《けんち》以降、公定の枡《ます》として全国で統一的に使用された枡を何というでしょう？

問018

ユネスコの世界遺産にも登録されている、戦国時代から江戸時代にかけて大量の銀を産出した、現在の島根県大田《おおだ》市にある銀山は何でしょう？

Answer

答013

連雀《れんじゃく》商人

解説

この中でも現在の滋賀県で活動した者のことを近江《おうみ》商人といい、現在でもビジネスパーソンの理想的な姿として描かれることがあります。
同じく室町時代に活動した商人に、振売《ふりうり》（荷物を天秤棒《てんびんぼう》に下げて売り歩いていた）、大原女《おおはらめ》（京都・大原で活動した女性商人）、桂《かつら》女《め》（京都・桂で鮎などを売っていた女性商人）などがいます。

答014

イエズス会

解説

有名なイエズス会の宣教師として、1549年に来日したフランシスコ・ザビエル、著書『日本史』を書いたルイス・フロイス、天正遣欧使節を率いたヴァリニャーニなどがいます。
イエズス会は上智《じょうち》大学を設立するなど、現在でも日本に大きな影響を与えています。

答015

堺《さかい》

解説

イエズス会宣教師ガスパル＝ヴィレラは、『耶蘇会士日本通信《やそかいしにほんつうしん》』の中で、堺の自由な様子を「ベニスの如く執政官《しっせいかん》により治められる」と紹介しています。

答016

紅毛人《こうもうじん》

解説

「南蛮」も「紅毛」も、本来やや差別的な意味合いを含む言葉ですが、戦国時代に盛んに行われたポルトガルやスペインとの貿易のことを「南蛮貿易」と言うようになると、一般的な言葉として浸透するようになりました。

江戸時代になるといわゆる鎖国によって南蛮貿易は終了を迎えますが、それ以降はオランダ由来の商品を南蛮と呼ぶことも多かったそうです。

答017

京枡《きょうます》

解説

京枡は江戸時代以降も使用され続け、第二次世界大戦後にメートル法が正式に使用されるまで使われていたとされています。

答018

石見《いわみ》銀山（大森《おおもり》銀山）

解説

当時、年間38トンほどの銀を産出し、世界全体の３分の１ほどにまで達していたとされるほど重要な銀山であり、戦国時代には豊臣秀吉をはじめ、多くの武将による争奪戦が繰り広げられました。

戦国時代から江戸時代にかけて栄えた鉱山としては他に、兵庫県の生野《いくの》銀山、新潟県の佐渡《さど》金山、愛媛県の別子《べっし》銅山、栃木県の足《あし》尾《お》銅山などがあります。

問 019

朱印船《しゅいんせん》貿易で財をなし、大堰川《おおいがわ》（現在の保津川）や高瀬川《たかせがわ》などの開削《かいさく》を行い「水運の父」と呼ばれた京都の豪商は誰でしょう？

問 020

イエズス会宣教師ヴァリニャーニの勧めにより、1582年に大友宗麟《おおともそうりん》、有馬晴信《ありまはるのぶ》、大村純忠《おおむらすみただ》がローマ教皇グレゴリウス13世のもとに送った4人の少年使節のことを、当時の元号から何というでしょう？

問 021

ポルトガルなどにより高く取引されていた生糸《きいと》の輸入について、江戸幕府が京都、堺、長崎の特定の商人に対し独占的輸入権を与え、価格を決定させた制度を何というでしょう？

問022

江戸時代初期の1612年、タイのアユタヤ朝に渡り日《に》本《ほん》町《まち》の頭領となった人物を日本名で何というでしょう？

問023

特に江戸時代において、江戸幕府の将軍の代替わりごとに朝鮮から派遣された外交使節団のことを何というでしょう？

問024

ドイツ人医師ケンペルの著書『日本誌』の一節を志《し》筑《づき》忠《ただ》雄《お》が訳したのが最初の使用例とされる、江戸幕府が清《しん》やオランダなど一部の国を除く貿易を規制したことを指す言葉は何でしょう？

答019

角倉了以《すみのくらりょうい》

解説

豪商とは、特に戦国時代から江戸時代にかけて海外貿易などを行い、巨万の富を築いた商人たちのことです。
角倉のほかに、京都の茶屋四郎次郎《ちゃやしろうじろう》、摂津の末吉孫左衛門《すえよしまござえもん》、長崎の末次平蔵《すえつぐへいぞう》などが知られています。

答020

天正《てんしょう》遣欧使節

解説

伊東《いとう》マンショ、千々石《ちぢわ》ミゲル、中浦《なかうら》ジュリアン、原《はら》マルチノの4人からなります。このうち、伊東マンショは大友宗麟の遠縁にあたり、帰国後には豊臣秀吉と謁見し、その後は国内で布教に務めました。

答021

糸割符《いとわっぷ》制度

解説

これにより結成された団体を糸割符仲間といい、のちに江戸と大坂が加わって五ヵ所商人と呼ばれるようになりました。

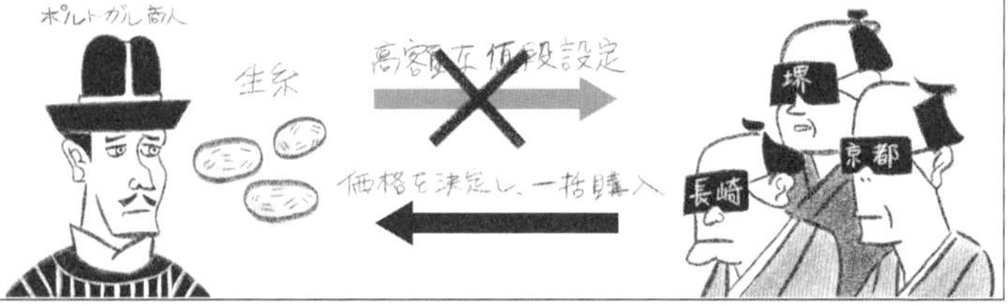

答022

山田長政《やまだながまさ》

解説

16世紀から17世紀にかけて東南アジア各地に形成された日本人居住地を日本人町または日本町《にほんまち》といい、アユタヤの他にもフィリピンのマニラやカンボジアのプノンペンなどにも作られました。

答023

朝鮮通信使《ちょうせんつうしんし》（通信使）

解説

実際には室町幕府の頃から派遣されており、豊臣秀吉の朝鮮出兵で一度断絶したものの、江戸時代に再開されました。
なお、同様に琉球《りゅうきゅう》から派遣された使節に謝恩使《しゃおんし》と慶賀使《けいがし》があります。前者は琉球国王が即位するごとに、後者は江戸幕府の将軍の代替わりごとに派遣されました。

答024

鎖国《さこく》

解説

鎖国という概念は、かねて「外国との交流を制限するもの」という意味合いで用いられてきましたが、近年では「江戸幕府がやろうとしたのは外国を完全にシャットアウトすることではなく、対外関係の秩序再編をはかることだったのではないか」という考え方も提唱されており、一部の教科書では「鎖国などの対外政策」のような婉曲的な表現が使われるようになっています。

Question

問025

江戸時代の村社会を仕切った「村方《むらかた》三役」または「地方《じかた》三役」に数えられる三つの役人といえば、名主《なぬし》、組頭《くみがしら》とあと一つは何でしょう？

問026

江戸時代の年貢の徴収方法で、毎年の田畑の収穫量に応じて税率を決める方法を「検見法《けみほう》」といいますが、過去数年の年貢高を平均して一定の量を納めるものを「何法」というでしょう？

問027

江戸時代に発達した飛脚《ひきゃく》の中でも、公文書のやり取りなどのため幕府が設けたもののことを「何飛脚」というでしょう？

問
028

問屋《といや》《とんや》や名主が兼業していることも多かった、江戸時代に大名や幕府の役人など、身分が高い人が泊まった施設を何といったでしょう？

問
029

別名を「長崎新令」や「正徳《しょうとく》新令」ともいう、正徳の治を推し進める新井《あらい》白石《はくせき》が1715年に出した、清・オランダとの年間の貿易額の上限などを定めた法令は何でしょう？

問
030

江戸時代に三井《みつい》高利《たかとし》が日本橋で創業し、「現金掛け値なし」などの商法で繁盛した呉服店は何でしょう？

答 025

百姓代《ひゃくしょうだい》

解説

地域により構成や名称、役割は異なっており、名主は庄《しょう》屋《や》や肝《きも》煎《いり》、組頭は年寄《としより》と呼んでいたケースもあります。

答 026

定免法《じょうめんほう》

解説

もともとは検見法が使われていましたが、収入が不安定であったことや手続きが煩雑であったこと、そして役人と農民の癒着《ゆちゃく》が誘発されたといった問題点がありました。

その後、享保《きょうほう》の改革で導入された定免法は、直近数年間の収穫高の平均に基づいて年貢高を決めるものでした。

答 027

継《つぎ》飛《び》脚《きゃく》

解説

各宿場で人や馬を継ぎ代えていくことからこう呼ばれました。

飛脚には他に、大名が使った「大名飛脚」、民間で使われた「町《まち》飛脚」などがあります。

答028

本陣《ほんじん》

解説

本陣に次ぐランクで、本陣を補う役割があった施設を「脇本陣《わきほんじん》」といいました。また、一般庶民向けの宿を「旅籠《はたご》」といいました。

答029

海舶互市新例《かいはくごししんれい》

解説

いわゆる鎖国の中でも清やオランダなどとは貿易が続けられており、国外に金銀が流出するのを問題視した新井白石が制定したものです。

答030

越後屋《えちごや》

解説

この「三井」と「越後屋」から取って名づけられたのが、現在も百貨店として知られる「三越《みつこし》」です。

問031

特に繊維業を中心に江戸時代の日本で発展した、都市の商人が各地の農民に原料や器具を貸し出し、出来上がった商品を買い上げるという工業のスタイルのことを何というでしょう？

問032

1722年に江戸幕府八代将軍・徳川吉宗《とくがわよしむね》が出した、大名から石高《こくだか》1万石《ごく》につき100石の米を上納させる代わりに、参勤交代の際に江戸に在府する期間を半年に減らす制度のことを何というでしょう？

問033

1789年、寛政《かんせい》の改革の一環として発布された、旗本・御家人を救済するために、札差《ふださし》に対して借金を放棄したり返済を繰り延べさせたりした法令を何というでしょう？

問034

寛政の改革の一環として現在の中央区佃《つくだ》に作られた、軽犯罪者の自立支援などを行った施設を何といったでしょう？

問035

別名を「神奈川条約」といい、ペリーによる黒船来航の翌年である1854年に締結された、下田と箱館（函館）の開港を定め日本のいわゆる鎖国制度を終わらせた条約は何でしょう？

問036

国際条約において、他の国に与えている最も良い条件を条約を締結した相手国との間にも与えることを定めることを何というでしょう？

Answer

答031

問《とい》屋《や》制家内工業

解説

規模が大きくなり、製造工程を複数の人でまかなうようになったもののことを工場制手工業（英語でマニュファクチュア）といいます。

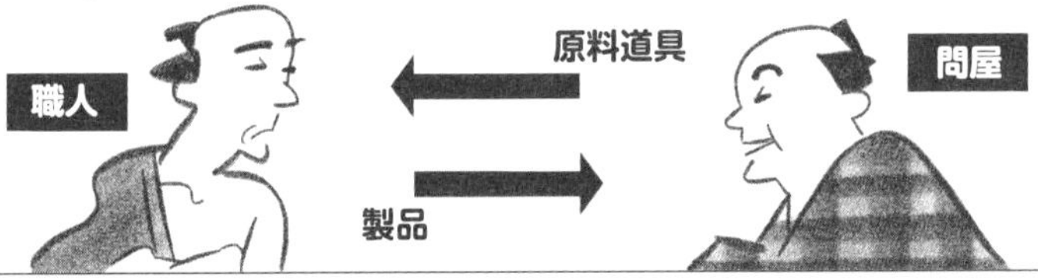

答032

上《あげ》米《まい》令《れい》

解説

この制度の本文中には「御《ご》恥《ち》辱《じょく》をも顧みられず、仰出され候《そうろう》」、つまり「恥ずかしながらもお願い申し上げます」というようなニュアンスの記述があります。これは幕府の財政不足を各藩に依存する形でまかなおうとしていることを意味し、幕府の権威が低下していることがわかります。

答033

棄《き》捐《えん》令《れい》

解説

札差とは、旗本・御家人の代理として米のやり取りを仲介した業者のことです。旗本・御家人の名前を書いた支給手形＝札を米に差していたことからこう呼ばれます。
なお、のちの天保《てんぽう》の改革においても「無利子年賦返済令」として同様の法令が出されています。

答034

（加《か》役《やく》方《かた》）人足寄場《にんそくよせば》

解説

実際には厳しい懲罰があり強制収容所のような側面が強かったともいわれています。
なお、この人足寄場の設置に尽力したのが火《ひ》付《つけ》盗賊《とうぞく》改《あらため》役《やく》であった長《は》谷《せ》川《がわ》平蔵《へいぞう》（長谷川宣以《のぶため》）で、時代劇『鬼平《おにへい》犯《はん》科《か》帳《ちょう》』の主人公としてよく知られています。

答035

日米和親条約

解説

4年後の1858年には「日米修好通商条約」が締結され、さらに神奈川（のちの横浜）、長崎、新潟、兵庫（のちの神戸）の開港や自由貿易を認めることなどが定められました。同年、オランダ、ロシア、イギリス、フランスとも同様の条約が締結され、まとめて「安政五カ国条約」と呼ばれます。

答036

最恵国待遇《さいけいこくたいぐう》

解説

日米和親条約以降、日本が各国と結んだ和親条約にはこれが強制されたため、明治期以降はこの条件を改正する運動が進められることになりました。

問037

1871年に公布された、開国以来発生していた貨幣制度の混乱を収拾し、金本位制を確立させるために制定された法令は何でしょう？

問038

1873年に制定された地《ち》租《そ》改正《かいせい》条例により、地租は地価の何％とすることとなったでしょう？

問039

調印された地名から「江《こう》華《か》島《とう》条約」などともいう、1876年、日本と朝鮮の間で締結された、日本の領事裁判権の承認などを定めた条約を何というでしょう？

問040

明治期に大蔵卿や大蔵大臣を歴任し、日本銀行の設立や銀本位制の確立など、財政制度の整備を行った政治家は誰でしょう？

問041

1895年、下関条約で日本が領有を認められた遼《りょう》東《とう》半島に対し、ロシア、ドイツ、フランスの三ヶ国が清への返還を求めたことを何というでしょう？

問042

日清戦争後の軍備拡張のため、1901年に現在の福岡県北九州《きたきゅうしゅう》市で操業を開始した官営の製鉄所は何でしょう？

答037

新《しん》貨《か》条《じょう》例《れい》

解説

これにより日本の通貨として「円」が初めて制定され、一円金貨などの硬貨が作られることとなりました。

答038

3%

解説

この3%という税率は当時の農民にとってかなり厳しく、全国で地租改正反対一揆という暴動が起こるまでに至りました。政府はこの暴動を受け、1877年に税率を2.5%に引き下げました。

答039

日《にっ》朝《ちょう》修《しゅう》好《こう》条《じょう》規《き》

解説

前年に起きた江華島事件の後に結ばれました。「条規」は「条文の規定」のことで、日本史では1871年に結ばれた「日清修好条規」とこれにのみ見られる表現です。

答040

松方正義《まつかたまさよし》

解説

松方は第二代・第四代の内閣総理大臣も務め、大蔵大臣と兼任していた時期もありました。
松方の財政政策は資本主義経済の基盤を作るなどの成果を上げましたが、その一方で深刻なデフレーションを招いたことから「松方デフレ」と呼ばれることにもなりました。

答041

三国干渉《さんごくかんしょう》

解説

よく似た世界史用語に「三国同盟《さんごくどうめい》」と「三国協商《さんごくきょうしょう》」があります。前者はドイツ、オーストリア＝ハンガリー、イタリアの三ヶ国、後者はイギリス、フランス、ロシアの三ヶ国の間でそれぞれ結ばれた協調関係で、第一次世界大戦で対立する「同盟国」と「連合国」という構図のもとになったものです。

答042

（官営）八幡《やはた》製鉄所

解説

日本の産業革命を支えた重要な施設であり、2015年には軍艦島《ぐんかんじま》（端島《はしま》）などとともにユネスコの世界遺産に登録されました。

Question

問043

第一次世界大戦中の1915年、日本が中国・袁《えん》世《せい》凱《がい》政権に突き付けた要求のことを、その条文の数から何というでしょう？

問044

日本語では「支《し》払《はらい》猶《ゆう》予《よ》令《れい》」という、関東大震災後などの際に実施された、銀行が支払いを一時的に停止することを英語で何というでしょう？

問045

第二次世界大戦後の1949年、深刻化したインフレなどを抑制するためにGHQ主導のもと行われた財政金融引き締め政策のことを、これを立案したデトロイト銀行の頭取《とうどり》の名から何というでしょう？

問046

1949年から1971年にかけて、日本の円相場は1ドル何円に固定されていたでしょう？

問047

ずばり、日本が国際連合に加盟したのは、西暦何年のことでしょう？

答043

二十一ヶ条の要求［対華21ヵ条要求］

解説

ドイツが山東省に持っていた権益を日本が継承すること、南満州や内モンゴルへの権益の期限を99年間に延長することなどが要求されました。

答044

モラトリアム

解説

金融恐慌に陥っていた1927年、田中義一《たなかぎいち》内閣でモラトリアムが出された際には、その間に大量の紙幣を発行しなければならないという事態に対応するため、裏に何も印刷していない「裏白《うらじろ》紙幣」が500万枚作られるなどの異常事態が発生していました。

答045

ドッジ・ライン

解説

翌年に出されたシャウプ勧告（コロンビア大学教授のシャウプらが立案）とともに、日本の戦後税制に大きな影響を与えましたが、逆に日本経済は深刻なデフレに陥ってしまいました。

なお、ドッジは当時の日本経済のことを「竹馬に乗っているようなものだ」と表現しました。これは、日本経済がアメリカからの経済援助と日本政府の補助金からまかなわれており、自立していないことを指摘したものです。

答046

360円

解説

いわゆる「ブレトン・ウッズ体制」のもと、戦後日本ではしばらく1ドル＝360円の固定相場制が取られていました。その後1971年のスミソニアン協定により1ドル＝308円に切り上げられ、1973年からは現在と同じ変動相場制に移行しました。
ちなみに、たとえば1ドル＝100円が1ドル＝99円になることは「円高」といい、1ドル＝101円になることは「円安」といいます。1円を買うのに必要なドルが100分の1ドルから101分の1ドルになる、つまり円の価値が低くなると考えると理解しやすくなると思います。

答047

1956年

解説

1952年、サンフランシスコ平和条約の発効によって日本は主権を回復し、同年国連への加盟を申請しました。しかし、冷戦の最中であったこともあり、常任理事国の旧ソ連などの反対によって加盟が拒否されていました。1956年に日ソ共同宣言が結ばれ、ソ連との国交が回復したため、国連80番目の加盟国となりました。

問048

1954年から1957年にかけて日本で発生した好景気のことを、日本の初代天皇とされる人物の名を取って「何景気」というでしょう？

問049

戦後の日本で普及し「三種《さんしゅ》の神器《じんぎ》」と呼ばれた三つの家電といえば、白黒テレビ、電気洗濯機と何でしょう？

問050

1972年、日本の田中角栄首相と中国の周恩来首相の間で調印され、両国間の国交正常化を規定した共同声明のことを、通称で何というでしょう？

Answer

答048

神武《じんむ》景気

解説

戦後の高度経済成長期には神武景気のあと、岩戸《いわと》景気、いざなぎ景気といった好景気がありました。岩戸景気は1958年から1961年まで42か月続き、神武景気を上回る長さだったことから、日本神話で神武景気より前の出来事である「天岩戸《あまのいわと》」にちなんで名づけられました。

いざなぎ景気は1965年から1970年まで57か月続き、岩戸景気よりもさらに長かったことから、天岩戸よりも前に存在した伊弉諾尊《いざなぎのみこと》にちなんで名づけられました。

答049

電気冷蔵庫

解説

1960年代後半にはカラーテレビ、クーラー、自動車の三つが普及し、「新・三種の神器」と呼ばれました。また、この三つを英語で書くとColor television、Cooler、Carと頭文字が同じであったことから「3C」とも呼ばれました。

答050

日中共同声明

解説

この共同声明を受けて1978年に調印された条約である「日中平和友好条約」との混同に注意が必要です。

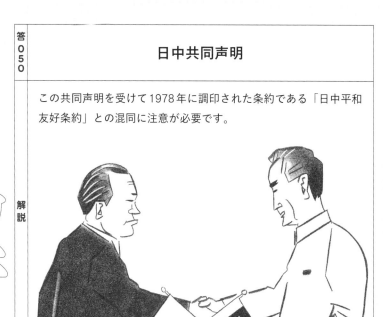

MEMO

04 偉人のエピソード

問001

中国・魏《ぎ》から「親魏倭王《しんぎわおう》」の称号を与えられている、かつての日本に存在した邪馬台国《やまたいこく》を治めていた女王は誰でしょう？

問002

甥である厩戸皇子《うまやどのおうじ》《うまやどのみこと》（聖徳太子）を摂政に迎えた日本の第33代天皇で、正式に記録が残っている中では日本史上初の女性天皇であるのは誰でしょう？

問003

別名を「弘法大師《こうぼうだいし》」という真言宗《しんごんしゅう》の開祖で、高野《こうや》山《さん》に金剛峯寺《こんごうぶじ》を開くなどの業績を残したのは誰でしょう？

問004

「六歌仙《ろっかせん》」の中で唯一の女性である、小倉百人一首にも選ばれた「花の色は うつりにけりな いたづらに 我が身世にふる ながめせし間に」などの歌で知られる歌人は誰でしょう？

問005

父に歌人の清原元輔《きよはらのもとすけ》を持ち、一条天皇の中宮定《てい》子《し》に仕えた、随筆『枕草子《まくらのそうし》』を書いたことで知られる平安時代の女性は誰でしょう？

問006

宇多《うだ》天皇や醍醐《だいご》天皇に重用されて政治を支えたものの、昌泰《しょうたい》の変により大宰府《だざいふ》に左遷された、平安時代の政治家は誰でしょう？

Answer

答001

卑弥呼《ひみこ》

解説

邪馬台国に関する記述は『魏志《ぎし》「倭人伝《わじんでん》」』などの中国の書物にのみ存在しており、どこにあったのかは未だに明らかになっていません。特にその所在地については畿内《きない》説や九州説などがあり、論争が続いています。

答002

推古《すいこ》天皇

解説

これまでに即位した女性天皇は全部で8名おり、今までのところ最後の女性天皇は江戸時代に即位した後桜町《ごさくらまち》天皇です。
また、皇極《こうぎょく》天皇と孝謙《こうけん》天皇はどちらも退位後もう一度即位し、それぞれ斉明《さいめい》天皇と称徳《しょうとく》天皇になりました。このようなパターンを「重祚《ちょうそ》」といい、天皇が重祚した例はこの2つだけです。

答003

空海《くうかい》

解説

同時期に天台宗《てんだいしゅう》を開いた最澄《さいちょう》と間違えないようにしましょう。
ちなみに空海は書家としても知られ、嵯峨《さが》天皇、橘逸勢《たちばなのはやなり》とともに平安時代初期の「三筆《さんぴつ》」に数えられます。平安時代中期には小《お》野道風《ののみちかぜ》《とうふう》、藤原佐理《ふじわらのすけまさ》《さり》、藤原行成《ふじわらのゆきなり》《こうぜい》を「三跡《さんせき》／三蹟」と呼ぶため、混同に注意です。

答004

小野小町《おののこまち》

解説

六歌仙とは、平安時代前期に活躍した在原業平《ありわらのなりひら》、僧正遍昭《そうじょうへんじょう》、喜《き》撰法師《せんほうし》、文屋康秀《ふんやのやすひで》、大友黒主《おおとものくろぬし》、小野小町の6人の歌人の総称で、『古今和歌集』の序文に挙げられています。

小野小町は絶世の美女だったと言われており、日本ではクレオパトラ、楊貴妃《ようきひ》とともに「世界三大美人」に数えられることでも知られています。

答005

清少納言《せいしょうなごん》

解説

「清少／納言」と区切って呼ぶ人もありますが、「清（清原姓か）／少納言」で区切るのが正しいです。

中宮彰子《しょうし》に仕え『源氏物語』を書いた紫式部《むらさきしきぶ》と混同されることもありますが、「漢字３文字と漢字４文字のセット」になっていると覚えると間違えにくくなります。

答006

菅原道真《すがわらのみちざね》

解説

道真は894年遣唐使を中止したことで知られ、「白紙《894》に戻そう遣唐使」などの語呂合わせがあります。また、現在は天満宮《てんまんぐう》と呼ばれる神社に祀《まつ》られ「学問の神様」としても知られています。

ちなみに大宰府への左遷は藤原時平《ふじわらのときひら》の讒言《ざんげん》（人を陥れるための虚偽の訴え）によるもので、その後亡くなった道真が怨霊になったという考えが広まると、歌舞伎『菅原伝授手習鑑《すがわらでんじゅてならいかがみ》』などのモチーフになりました。

Question

問007

一条天皇のもとで権力を拡大し、摂政や太政大臣として藤原氏の全盛期をなした、平安時代中期の公卿《くぎょう》は誰でしょう？

問008

前九年・後三年の役（合戦）を経て奥州《おうしゅう》藤原氏の初代当主となった平安時代後期の武将で、彼が居を構えた平泉《ひらいずみ》が世界遺産に指定されたことでも知られるのは誰でしょう？

問009

一連の源平合戦で平氏を滅ぼし、鎌倉幕府の初代将軍として武家による全国支配を推し進めた人物は誰でしょう？

問010

源頼朝の妻で、頼朝が亡くなった後は尼《あま》となり幕府の実権を握り、俗に「尼《あま》将《しょう》軍《ぐん》」と呼ばれた女性は誰でしょう？

問011

歌論書『無《む》名《みょう》抄《しょう》』や随筆『方《ほう》丈《じょう》記《き》』を書いたことで知られる、鎌倉時代初期の歌人・随筆家は誰でしょう？

問012

鳥羽上皇の頃に北面の武士を務めるなど武士として活動していたが、その後出家して各地を旅し、歌人としても歌集『山《さん》家《か》集《しゅう》』などを残した人物は誰でしょう？

Answer

答007

藤原道長《ふじわらのみちなが》

解説

晩年には法成寺《ほうじょうじ》を造営したことから御堂関白《みどうかんぱく》と呼ばれ、『御堂関白記』という日記も残しています。

また、道長と同時期の政治家である藤原実資《ふじわらのさねすけ》が書いた『小右記《しょうゆうき》』には、「この世をば わが世とぞ思ふ 望月の かけたることも なしと思へば」という道長の歌が記されています。

答008

藤原清衡《ふじわらのきよひら》

解説

奥州藤原氏は清衡、基衡《もとひら》、秀衡《ひでひら》の三代にわたって栄えた豪族です。1189年に源《みなもとの》 頼朝《よりとも》に滅ぼされるまで約100年、現在の東北地方を支配しました。

世界遺産でもある平泉には、清衡が造営した中尊寺《ちゅうそんじ》は阿弥陀堂の金色堂《こんじきどう》で知られるほか、基衡が建立《こんりゅう》した毛越寺《もうつうじ》や秀衡が建立した無量光院《むりょうこういん》など数々の寺院があります。

答009

源《みなもとの》 頼朝《よりとも》

解説

かつて、鎌倉幕府の成立は頼朝が征夷大将軍に任命された1192年とされ、「いい国作ろう鎌倉幕府」という語呂合わせが広く知られていました。

しかし現在では、頼朝が以仁王《もちひとおう》の挙兵を退けた1184年、朝廷から守護・地頭を設置することを認められた1185年など、さまざまな説があります。

答010

北条政子《ほうじょうまさこ》

解説

政子の父は鎌倉幕府初代執権《しっけん》を務めた北条時政《ほうじょうときまさ》で、1203年の「比《ひ》企《き》能員《よしかず》の乱」の後に二代将軍・源《みなもとの》頼家《よりいえ》を修禅寺《しゅぜんじ》に幽閉しました。

答011

鴨長明《かものちょうめい》

解説

『方丈記』は、清少納言の『枕草子』、吉田兼好《よしだけんこう》の『徒然草《つれづれぐさ》』とともに、日本三大随筆に数えられています。

答012

西行《さいぎょう》

解説

彼の逸話を描いた『西行物語絵巻』という絵巻物も残っており、重要文化財に指定されています。

Question

問013

元弘《げんこう》の乱における千《ち》早城《はやじょう》の戦いなどで鎌倉幕府打倒に貢献するも、1336年の湊川《みなとがわ》の戦いで自害した武将は誰でしょう？

問014

室町時代、父の観《かん》阿《あ》弥《み》とともに猿楽《さるがく》能を大成し、これが現在の能《のう》になったのは誰でしょう？

問015

南北朝時代に北朝四代の天皇の摂政・関白を務めた政治家で、連《れん》歌《が》を大成させ、連歌集『菟《つ》玖《く》波《ば》集《しゅう》』や規則をまとめた『応安新式《おうあんしんしき》』などを書いたことでも知られるのは誰でしょう？

問題

問016

『四季山水図《しきさんすいず》』や『秋冬山水図《しゅうとうさんすいず》』、『天橋立図《あまのはしだてず》』などを描き、日本の水墨画を大成させた室町時代の画家は誰でしょう？

問017

もともとは摂政や関白の地位を退いたあと、子が摂関の地位に就いた者のことを指す言葉で、特に子・秀次《ひでつぐ》に関白の地位を譲った豊臣秀吉《とよとみひでよし》のことを指すようになったのは何でしょう？

問018

京都の寺・妙喜庵《みょうきあん》には彼が造作した待庵《たいあん》という茶室が残っている、安土桃山時代に「わび茶」を大成させた茶人は誰でしょう？

Answer

答013

楠《くすの》木《き》正成《まさしげ》

解説

現在でも「大楠公《だいなんこう》」などと呼ばれ、さまざまな方面で才能があったと評価されている武将で、皇居外苑《こうきょがいえん》には馬に乗った勇猛な姿の銅像があります。
また、子の楠木正行《まさつら》や正時《まさとき》も武将として有名で、四《し》条《じょう》畷《なわて》の戦いで戦死するまで広く活躍しました。

答014

世《ぜ》阿《あ》弥《み》

解説

彼が書いた理論書『風姿花伝《ふうしかでん》』（『花伝書《かでんしょ》』とも）は日本の美学を綴った古典として知られています。

答015

二《に》条《じょう》良基《よしもと》

解説

室町時代に作られた連歌集に、宗祇《そうぎ》による『新撰菟玖波集《しんせんつくばしゅう》』や宗鑑《そうかん》による『犬筑波集《いぬつくばしゅう》』などがあります。

答016

雪《せっ》舟《しゅう》

解説

幼い頃に現在の岡山県にある宝福寺《ほうふくじ》という寺で禅の修行を始めた雪舟は、絵ばかり描いて修行をしないため、寺の僧によって柱に縛りつけられてしまったものの、落ちた涙を足の指につけてネズミを描き、それに感心した僧によって許されたという逸話があります。

答017

太《たい》閤《こう》

解説

秀吉が行った検地を「太閤検地」、秀吉の生涯を描いた伝記を『太閤記』というなど、秀吉の代名詞のように用いられています。

答018

千《せんの》利《り》休《きゅう》（千《せんの》宗《そう》易《えき》）

解説

堺《さかい》の豪商の家に生まれた利休は、織田信長、豊臣秀吉に仕え、特に秀吉が京都・北野《きたの》で大規模な茶会を開いた際に主管を務めるなど、強い信頼を得ていたと考えられますが、最終的には秀吉から切腹を命じられて亡くなりました。利休が秀吉から怒りを買った理由ははっきりしていません。

問019

「敵に塩を送る」という言葉のもとになったとされる故事で、敵に塩を送ったとされる戦国武将は誰でしょう？

問020

近世初期に京都に現れた、現在の島根県に生まれたとされる女性で、彼女が創始した「かぶき踊り」が伝統芸能・歌舞伎《かぶき》の元になったのは誰でしょう？

問021

徳川家康を筆頭とする、豊臣秀吉に仕えた五人の家老のことを、総称して何というでしょう？

問022

豊臣秀吉の五奉行《ごぶぎょう》の一人として活動するも、秀吉の死後、1600年の関ヶ原の戦いにおいて西軍の一員として戦い亡くなった、佐和山《さわやま》城主であった戦国武将は誰でしょう？

問023

「賤ヶ岳《しずがたけ》の七本槍《しちほんやり》」に数えられる戦国武将で、朝鮮出兵で戦功をあげ、熊本藩初代藩主として熊本城を築城したことで知られるのは誰でしょう？

問024

1613年、伊達政宗《だてまさむね》の命を受け、慶長《けいちょう》遣欧使節の正使としてヨーロッパに渡った仙台藩士は誰でしょう？

答019

上杉謙信《うえすぎけんしん》

解説

上杉謙信は越後国（現在の新潟県）を中心に、そのライバルである武田信玄《たけだしんげん》は甲斐国（現在の山梨県）を中心に勢力を伸ばしていました。甲斐国は内陸国なので食塩を作ることが難しく、今川氏らの策略により食塩の入手が困難になった信玄に、敵対する謙信があえて塩を送ったといわれています。海のある側から海のない側へ送ったと覚えましょう。ちなみにこのエピソード自体は後世の創作であると考えられています。

答020

出雲阿国《いずものおくに》

解説

「かぶき」という名称は、当時、派手な格好で突飛な行動をした人々のことを「傾奇者《かぶきもの》」と呼んだことに由来し、彼らの風俗を取り入れたものがかぶき踊りになったとされています。

答021

五大老《ごたいろう》

解説

家康のほか、前田利家《まえだとしいえ》、毛利輝元《もうりてるもと》、宇喜多秀家《うきたひでいえ》、小早川隆景《こばやかわたかかげ》（小早川の死後は上杉景勝《うえすぎかげかつ》）の五人を指します。
なお、五奉行《ごぶぎょう》は浅野長政《あさのながまさ》、前田玄以《まえだげんい》、増田長盛《ましたながもり》、長束正家《なつかまさいえ》、石田《いしだ》三成《みつなり》の五人です。

答022

石田《いしだ》三成《みつなり》

解説

石田三成の家紋は、他の家紋とは大きく異なり「大一大万大吉《だいいちだいまんだいきち》」という漢字がそのままあしらわれています。

また、三成には島左近《しまさこん》（嶋清興《きよおき》）という側近がおり、「三成に過ぎたるものが二つあり 島の左近と佐和山の城」といわれるほどでした。

答023

加藤《かとう》清正《きよまさ》

解説

賤ヶ岳の七本槍とは、1583年の賤ヶ岳の戦いで活躍した7人の武将のことで、清正の他、脇坂安治《わきざかやすはる》、片桐且元《かたぎりかつもと》、平野長泰《ひらのながやす》、福島正《ふくしままさ》則《のり》、糟屋武則《かすやたけのり》、加藤《かとう》嘉明《よしあき》《よしあきら》が含まれます。

また、清正は朝鮮出兵の際にセロリを持ち帰ったという説があり、セロリの別名を「清正人参《きよまさにんじん》」といったりします。

答024

支倉《はせくら》常長《つねなが》

解説

フランシスコ会の宣教師ルイス・ソテロを副使としてスペインやイタリアなどを訪れ、当時のローマ教皇パウルス5世に謁見しました。通商交渉を目的としていましたが、その使命は果たせず帰国しました。

問025

『好色一代男』や『世間《せけん》胸算用《むねさんよう》《むなざんよう》』など、江戸時代に当時の世相（浮世）を反映した風俗小説を多く書き、「浮世草子《うきよぞうし》」というジャンルを確立させた作家は誰でしょう？

問026

藤原惺窩《ふじわらせいか》に師事し林家《りんけ》の祖となった儒学者で、家康から家綱《いえつな》まで四代にわたって徳川将軍のブレーンとなったのは誰でしょう？

問027

著書『発微算法《はつびさんぽう》』で独自の代数学を発明した、江戸時代の数学者は誰でしょう？

問028

その日程は約150日、移動距離は約2400kmと推定される、松《まつ》尾《お》芭《ば》蕉《しょう》が東北・北陸地方を旅して書いた紀行文は何でしょう？

問029

1782年に江戸へ向かう途中に漂流しているところをロシア人に救われ、女帝エカチェリーナ2世に面会したあと、ラクスマンの船で根室に帰ってきた伊勢出身の船頭は誰でしょう？

Answer

答025

井原西鶴《いはらさいかく》

解説

浮世草子には主に以下のような作品があります（作者は全て西鶴）。

好色物《こうしょくもの》…男女の恋愛を描く。『好色一代男』『好色五人女』など

武家物《ぶけもの》…武家の生活を描く。『武道伝来記《ぶどうでんらいき》』など

町人物《ちょうにんもの》…町の人の生活を描く。『日本《にっぽん》《にほん》永代蔵《えいたいぐら》』『世間《せけん》胸算用《むねさんよう》《むなざんよう》』など

答026

林羅山《はやしらざん》

解説

林羅山は上野・忍ヶ岡《しのぶがおか》に私塾・弘文館《こうぶんかん》を建て、これが後の昌平坂《しょうへいざか》学問所の基礎となりました。

ちなみに林羅山は有馬《ありま》温泉、草津《くさつ》温泉、下呂《げろ》温泉を「日本三名泉」に選出したことでも知られ、下呂温泉には林羅山の像が建てられています。

答027

関孝和《せきたかかず》

解説

彼の考案した代数学は「点竄術《てんざんじゅつ》」と名付けられ、著書『発微算法』の中で披露されました。

江戸時代の数学者としては他に、関が参考にしたともいわれる吉《よし》田光由《だみつよし》がおり、その研究をもとに『塵劫記《じんこうき》』を著しました。吉田と関が大成した日本独自の数学を「和算《わさん》」と言います。

答028

『おくのほそ道』

解説

「月日は百代《はくたい》の過客《かかく》にして～」という書き出しもとても有名です。芭蕉は弟子の河合曾良《かわいそら》を連れて、現在の東京・千住《せんじゅ》付近から旅をスタートさせました。岩手県の平泉《ひらいずみ》、新潟県の象潟《きさかた》などを経由し、岐阜県の大垣《おおがき》で旅を終えたと言われています。
なお、この旅程を踏破するには年齢的に厳しく（当時45歳）、芭蕉の出身地が現在の三重県伊賀市であったことから、「芭蕉は忍者だったのではないか」という説もあります。

答029

大黒屋光太夫《だいこくやこうだゆう》

解説

彼の体験は医師・桂川甫周《かつらがわほしゅう》による聞き書きで、『北槎聞略《ほくさぶんりゃく》』という本にまとめられています。また、その波乱に満ちた生涯は井上 靖《いのうえやすし》の小説『おろしや国酔夢譚《こくすいむたん》』などの作品のモチーフにもなっています。
名前と経歴が似た人物に高田屋嘉兵衛《たかだやかへえ》がおり、こちらは蝦夷地への航路を開拓している最中、松前藩にとらえられたロシアの軍人・ゴローニン（ゴローウニン）の解放に尽力したことで知られています。

Question

問030

江戸時代に平賀《ひらが》源内《げんない》が製作した、ガラスを摩擦させることで電気を発生させる「摩擦起電器《まさつきでんき》」のことを、オランダ語由来の言葉で何というでしょう？

問031

1800年、当時56歳で17年間の測量の旅に出て、その測量結果から『大日本沿海輿地全図《だいにほんえんかいよちぜんず》』が作成された地理学者は誰でしょう？

問032

名は「治憲《はるのり》」とも言った、江戸時代中期に米沢藩の第九代藩主に就任すると、殖産興業に努めるなど藩政改革を行ったことで知られる大名は誰でしょう？

問033

賀茂《かもの》真淵《まぶち》に学び、和学講談所《わがくこうだんしょ》の創立や『群書類《ぐんしょるい》従《じゅう》』の編纂などの業績で知られる江戸時代の国学者は誰でしょう？

問034

江戸時代後期、幕府の命で北方の探検を行い、樺《から》太《ふと》（現在のサハリン）が島であることを確認したことで知られる探検家は誰でしょう？

問035

江戸時代末期に長崎に鳴滝塾《なるたきじゅく》を開き、高野《たかの》長英《ちょうえい》らを育てたドイツ人医師で、帰国の際、国外持ち出し禁止の日本地図を所持していたことが発覚し国外追放となったのは誰でしょう？

答030

エレキテル

解説

平賀源内はさまざまなジャンルに秀でた人物であり、絵画の『西洋婦人図』、人形浄瑠璃の『神霊《しんれい》矢《や》口《ぐちの》渡《わたし》』などの作品も残しています。

また、土用の丑《うし》の日にウナギを食べる風習は、平賀源内が発祥という説がよく知られています。

答031

伊《い》能《のう》忠《ただ》敬《たか》

解説

彼が日本全国を旅して作った『大日本沿海輿地全図（伊能図とも）』は、日本で初めてその国土を正確に測量した地図として知られ、その正確さは現在から見ても大変驚異的なものであったと言われています。その生涯は井上ひさしの小説『四千万歩の男』などにも描かれています。

答032

上《うえ》杉《すぎ》鷹《よう》山《ざん》

解説

鷹山は現在でもビジネスマンの模範とされることが多く、「為せば成る 為さねば成らぬ 何事も 成らぬは人の為さぬなりけり」「してみせて 言って聞かせて させてみる」などの名言が伝わっています。

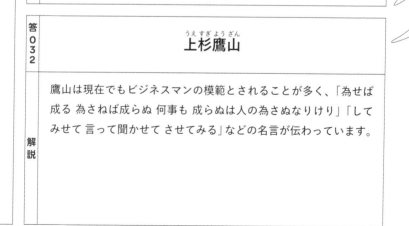

答033

塙《はなわ》保《ほ》己《き》一《いち》

解説

幼いころに失明しながらも学問に励んだことで知られ、生家がある埼玉県本庄《ほんじょう》市では障害を持ちながら社会的に活躍している人物などに「塙保己一賞」を授与しています。また、ヘレン・ケラーも彼を手本とし、来日した際には彼の像に触れるなどしています。

答034

間宮林蔵《まみやりんぞう》

解説

樺太（サハリン）とユーラシア大陸との間にある海峡を、彼の名にちなんで間宮海峡といいます。

答035

シーボルト（フィリップ・フランツ・フォン・シーボルト）

解説

シーボルトの鳴滝塾をはじめ、江戸時代には蘭学や漢学を学ぶための「私塾」が多く開かれました。

主な私塾に、荻生《おぎゅう》徂徠《そらい》の蘐園塾《けんえんじゅく》、広瀬淡窓《ひろせたんそう》の咸宜園《かんぎえん》、緒方洪庵《おがたこうあん》の適塾《てきじゅく》（適々斎塾《てきてきさいじゅく》）などがあります。「大塩平八郎の乱」で知られる大塩平八郎も洗心洞《せんしんどう》という私塾を開いていました。

問036

1860年に咸臨丸《かんりんまる》でアメリカに渡ったことや、戊《ぼ》辰《しん》戦争における江戸城の無血開城を実現させたことで知られる、幕末の人物は誰でしょう？

問037

1863年、高杉晋作《たかすぎしんさく》が長州《ちょうしゅう》藩の藩士だけでなく庶民も加えて組織した軍隊のことを何というでしょう？

問038

1862年、京都・伏見にあった宿屋が襲撃された事件で、これにより負傷した坂本龍馬が妻のお龍とともに鹿児島へ療養に行ったことが一般に「日本初の新婚旅行」と言われるのは「何事件」でしょう？

問039

1877年に西南《せいなん》戦争を起こした、大久保利通《おおくぼとしみち》、木《き》戸《ど》孝允《たかよし》とともに「維新の三傑」と呼ばれた幕末の人物は誰でしょう？

Answer

答036

勝海舟《かつかいしゅう》

解説

幼名は麟太郎《りんたろう》、明治維新後は安芳《やすよし》を名乗っていましたが、海舟は号であったといわれています。

なお、同じく無血開城に尽力した山岡鉄舟《やまおかてっしゅう》、槍《やり》の使い手として徳川慶喜の護衛などにあたった高橋泥舟《たかはしでいしゅう》とともに「幕末の三舟《さんしゅう》」と呼ばれています。

答037

奇兵隊《きへいたい》

解説

正規の武士以外を含むということから「奇兵」といいます。

似たような名前の組織に、坂本龍馬《さかもとりょうま》が結成した結社の「海援隊《かいえんたい》」、中岡慎太郎《なかおかしんたろう》が倒幕のために組織した「陸援隊《りくえんたい》」、戊辰戦争において会津の少年らにより結成された「白虎隊《びゃっこたい》」などがあります。

答038

寺田屋事件

新撰組が尊王攘夷派の志士を襲撃した池田屋事件（1864年）、坂本龍馬が暗殺された近江屋事件（1867年）は、すべて現在の京都市で起きた事件です。
なお、寺田屋の跡地のすぐそばには寺田屋を再建した建物があり、当時の様子をうかがい知ることができます。池田屋の跡地には居酒屋、近江屋の跡地には回転寿司屋があります。

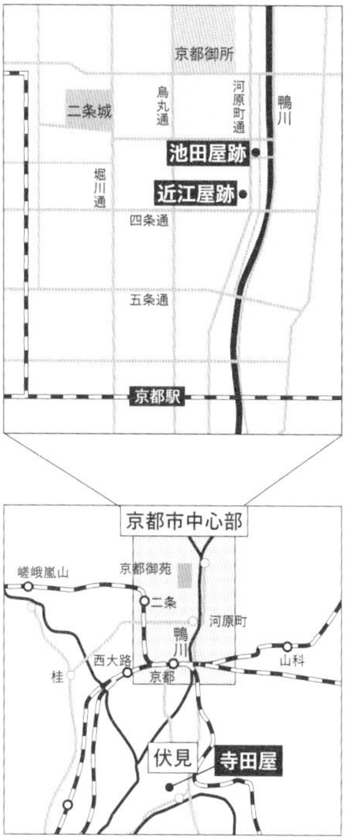

答039

西郷隆盛《さいごうたかもり》

解説

西郷隆盛といえば東京・上野公園に建っている銅像が有名です。この像を作ったのは高村光雲《たかむらこううん》で、隣にいる犬は「ツン」という名前です。犬を連れて兎狩りに出かけている姿をかたどったものと言われています。他にも、ゆかりの地である鹿児島県鹿児島市、鹿児島県霧島市などにも銅像が立っています。

問040

幕末・明治の日本で武器商人として財をなし、高島炭鉱を経営したり蒸気機関車を走らせたりして日本の近代化に尽力したイギリス人は誰でしょう？

問041

外務卿《がいむきょう》を務めていた1871年、不平等条約の改正交渉などのために欧米に派遣された使節団で特命全権大使を務めた政治家は誰でしょう？

問042

『西洋《せいよう》事《じ》情《じょう》』や『学問のすゝめ《すすめ》』などの著書で知られる、現在の慶應《けいおう》義《ぎ》塾《じゅく》大学を創設した明治期の思想家は誰でしょう？

問043

のちに立憲改進党の創設メンバーの一員にもなった、1871年に駅逓頭《えきていとう》として郵便制度を創始した明治時代の官僚は誰でしょう？

問044

初代枢密院《すうみついん》議長、初代貴族院《きぞくいん》議長、初代韓国統監《かんこくとうかん》などを歴任した、日本の初代内閣総理大臣は誰でしょう？

問045

『歌よみに与《あた》ふ《う》る《る》書』などの著作も残した、雑誌『ホトトギス』で活躍した明治期の俳人で、「鶏頭《けいとう》の十四五本もありぬべし」「柿くへば鐘が鳴るなり法隆寺」などの句で知られるのは誰でしょう？

答040

トーマス・ブレーク・グラバー

解説

彼が長崎県長崎市に建てた住居であるグラバー園（グラバー邸）は、現存する日本最古の木造洋風建築の建物であり、2015年には「明治日本の産業革命遺産 製鉄、製鋼、造船、石炭産業」の構成資産のひとつとしてユネスコの世界遺産に登録されました。

答041

岩倉具視《いわくらともみ》

解説

この使節団には伊藤博文や大久保利通などの政治家の他、当時6歳だった津田梅子《つだうめこ》も留学生として同行し、これが日本初の女子留学生の一人となりました。

答042

福澤諭吉《ふくざわゆきち》

解説

明治期に創設された大学には他にも、大隈重信《おおくましげのぶ》が設立した東京専門学校（のちの早稲田大学）、新島襄《にいじまじょう》が設立した同志社《どうししゃ》英学校（のちの同志社大学）、津田梅子が設立した女子英学塾（のちの津田塾大学）などがあります。

答043

前島密《まえじまひそか》

解説

前島は「日本近代郵便の父」とも称され、現在でも一円切手にその肖像画が描かれています（普通切手で唯一、人物画が使用されているものです）。ちなみに前島は早稲田大学の第二代校長も務めました。

答044

伊藤博文《いとうひろぶみ》

解説

伊藤博文は初代、5代、7代、10代と4代にわたって内閣総理大臣を歴任しました。明治時代を代表する偉人として、1963年～1986年に発行された千円札の肖像画にも起用されました。
韓国統監を辞職した1909年、満州のハルビン駅で独立運動家の安《あん》重根《じゅうこん》（アンジュングン）によって暗殺されました。

答045

正岡子規《まさおかしき》

解説

「子規」とは鳥のホトトギスの漢字表記のひとつで、病気がちで血を吐いた自分をホトトギスに重ね合わせて名づけたと言われています。
ちなみに正岡子規は大の野球好きとして知られており、「バッター」「フォアボール」などの野球用語に「打者」「四球」などの和訳をあてた人物でもあります。

Question

問046

民撰議院《みんせんぎいん》設立の建白書《けんぱくしょ》を提出したり、愛国公党《あいこくこうとう》や立志社《りっししゃ》などの政治結社を設立したりして、自由民権運動の中心人物となった政治家は誰でしょう？

問047

現在のみずほ銀行にあたる第一国立銀行を設立するなど、さまざまな企業や団体の経営に携わり「日本資本主義の父」と呼ばれる実業家は誰でしょう？

問048

第一次伊藤博文内閣で初代文部大臣に就任し、学校令の制定などにより教育制度の確立に尽力した政治家は誰でしょう？

問049

明治～大正期にかけて政権を交互に担当し「桂《けい》園《えん》時代」と呼ばれた二人の政治家といえば、桂《かつら》太《た》郎《ろう》と誰でしょう？

問050

第一回衆議院議員選挙で当選するも、足《あし》尾《お》銅山の鉱毒事件を天皇に直《じき》訴《そ》するために議員を辞任した、栃木県出身の政治家は誰でしょう？

答046

板垣退助《いたがきたいすけ》

解説

1882年の岐阜事件で襲撃を受けた時に「板垣死すとも自由は死せず」という名言を残したと言われていますが、正確には犯人が取り押さえられた後に言ったものとされています。
余談ですが、板垣がフランスを視察した際に現地で買ったというルイ・ヴィトンの鞄は、日本人が購入したルイ・ヴィトンの鞄のうち現存する最古のものとされているそうです。

答047

渋沢栄一《しぶさわえいいち》

解説

NHK大河ドラマ『青天を衝《つ》け』で主人公として取り上げられたことや、2024年から発行される新一万円札に肖像画として描かれることで、今注目を集めています。

答048

森有礼《もりありのり》

解説

1873(明治６）年に思想団体「明六社《めいろくしゃ》」を結成し『明六雑誌』を発行したことや、現在の一橋《ひとつばし》大学のもととなった商法講習所《しょうほうこうしゅうじょ》を創設したことで知られます。

答049

西園寺《さいおんじ》公望《きんもち》

解説

桂園時代は1901年に始まった第一次桂太郎内閣から、第一次西園寺内閣、第二次桂内閣、第二次西園寺内閣と続き、1913年に終わった第三次桂内閣まで続きました。
政治的には比較的安定した時期となりましたが、政権のたらいまわしではないかという批判の声も上がっていました。

答050

田中《たなか》正造《しょうぞう》

解説

足尾銅山鉱毒事件は日本初の公害事件といわれ、足尾銅山の開発で発生した有害物質が渡良瀬川《わたらせがわ》に流れ込み、栃木県から群馬県にかけて住民に被害を与えました。

MEMO

05 文化・美術

Question

問001

日本で発見された旧石器時代の化石人骨で、「浜《はま》北人《きたじん》」といえば現在の静岡県で発見されたものですが、「港川人《みなとがわじん》」といえば現在のどこの都道府県で発見されたものでしょう？

問002

2021年には世界遺産に登録された、青森県に位置する縄文時代の大規模集落跡を「何遺跡」というでしょう？

問003

女性の身体をかたどったものが多いことから豊穣を願ったものとも、破損した状態で見つかるものが多いことから災厄などを祓おうとしたものとも考えられる、縄文時代の日本で作られた土製の人形は何でしょう？

問004

死者の霊の活動を防ぐためなどの理由で行われたといわれる、縄文時代の日本で死者を埋葬する時に手足を折り曲げることを、漢字2文字で何というでしょう？

問005

縄文時代から弥生時代にかけての遺跡で、板付《いたづけ》遺跡があるのは福岡県ですが、菜畑《なばたけ》遺跡があるのはどこの都道府県でしょう？

問006

弥生時代に使われていた青銅器で、釣鐘のような形をしているのが特徴的なものを何というでしょう？

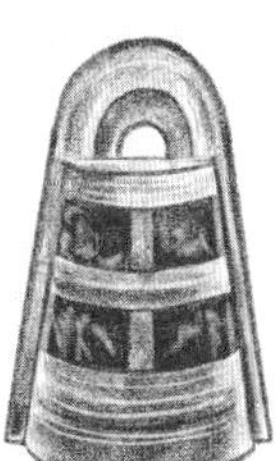

答001

沖縄県

解説

沖縄県では他にも山下洞人《やましたどうじん》、ピンザアブ洞人、下地原洞人《しもじばるどうじん》など、複数の化石人骨が発見されています。

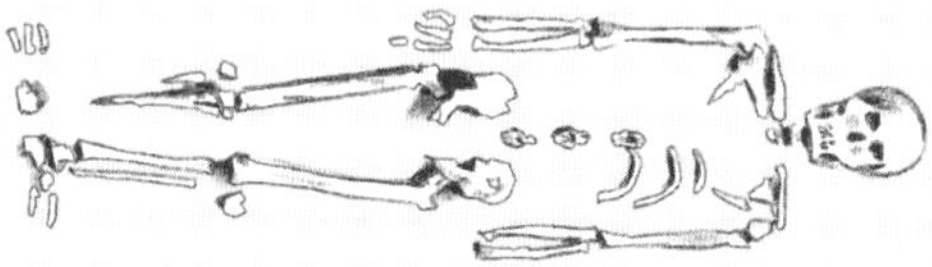

答002

三内丸山《さんないまるやま》遺跡

解説

約40ヘクタールの中に多数の竪穴《たてあな》住居や土器が発見され、特に三つの大きな掘立柱《ほったてばしら》建物が印象的な遺跡です。
青森県には他に亀ヶ岡《かめがおか》遺跡や是川《これかわ》遺跡などの縄文時代の遺跡が存在します。

答003

土偶《どぐう》

解説

特にゴーグルのようなものをつけた「遮光器《しゃこうき》土偶」が有名で、青森県亀ヶ岡遺跡近くにある木造《きづくり》駅の駅舎のモチーフにもなっています。
似たものに「埴輪《はにわ》」があります。埴輪は古墳時代に作られ、古墳を取り囲むように並べられるなどの使い方がされました。筒状の円筒《えんとう》埴輪と、人や動物をかたどった形象《けいしょう》埴輪があります。

答004

屈葬《くっそう》

解説

弥生時代以降は手足を折り曲げない伸展葬《しんてんそう》が一般的になりました。これは余談ですが、早押しクイズで「屈葬」が出題された時に押し負けた人が「くっそー」と言うのはクイズ界のあるあるだと思っています。

答005

佐賀県

解説

これらの遺跡からは水田の跡も見つかっており、弥生時代から水《すい》稲《とう》耕作が行われていたことを裏付けています。
また、佐賀県には日本屈指の大規模環濠集落である吉《よし》野《の》ヶ《が》里《り》遺跡もあります。

答006

銅《どう》鐸《たく》

解説

青銅器は主に祭《さい》事《じ》に用いられていたと考えられています。同じ頃に作られた銅剣《どうけん》、銅矛《どうほこ》、銅《どう》戈《か》は武器としての役割も持っていましたが、銅鐸は楽器のように打って音を鳴らしたと考えられています。

Question

問007

埋葬されているのは蘇我馬子《そがのうまこ》であると考えられている、巨大な横穴式石室《よこあなしきせきしつ》が露出していることで有名な奈良県明日香村《あすかむら》にある古墳は何でしょう？

問008

古墳時代の日本で、鹿の肩甲骨《けんこうこつ》などを焼き、そのひび割れの形によって吉凶《きっきょう》を判断した占いの一種を何というでしょう？

問009

応神《おうじん》天皇の時に百済《くだら》から日本にきた渡来人《とらいじん》の一人で、『千字文《せんじもん》』や『論語』を日本に伝えたとされているのは誰でしょう？

問010

古墳時代から平安時代にかけて作られた、比較的低温で焼かれ赤褐色《せきかっしょく》のものが多い素焼きの土器を総称して何というでしょう？

問011

稗田阿礼《ひえだのあれ》が暗唱したものを太安万侶《おおのやすまろ》が筆録した、８世紀初めに成立した現存する日本最古の歴史書は何でしょう？

問012

『六国史《りっこくし》』と呼ばれる六つの正史《せいし》のうち、１番目に編纂されたものは『日本書紀』ですが、２番目に編纂されたのは何でしょう？

Answer

答007

石舞台古墳《いしぶたい》

解説

その名の通り、大きな石が露出している姿は一度見ると忘れられないほどのインパクトがあります。
同じく明日香村で発見された古墳に高松塚《たかまつづか》古墳やキトラ古墳があり、これらは極彩色の壁画が残っていることで有名です。

答008

太占《ふとまに》

解説

古墳時代の風習としては他に、水に入ってけがれを落とす禊《みそぎ》、神に祈って災厄を落とす祓《はらえ》、熱湯に手を入れてやけどするかどうかで真偽を確かめる盟神探湯《くかたち》などがありました。

答009

王仁《わに》

解説

王仁が詠んだ有名な歌に「難波津《なにわづ》に 咲くやこの花 冬ごもり 今は春べと 咲くやこの花」（通称：難波津の歌）があります。この歌は競技かるたにおいて競技開始前に必ず詠まれることで知られ、大阪市にある浪速《なにわ》区と此花《このはな》区の名の由来にもなっています。
他の有名な渡来人に、日本に養蚕《ようさん》や機《はた》織《お》りを伝えた弓月君《ゆづきのきみ》がいます。

答010

土師器《はじき》

解説

同時期に作られた土器に須恵器《すえき》があります。土師器が弥生時代からの流れを汲むのに対し、須恵器は朝鮮半島から伝えられた技術をもとにしており、土師器より高温で焼かれるため、灰色で硬く仕上がるのが特徴になっています。

答011

『古事記《こじき》』

解説

同じ時期に舎人親王《とねりしんのう》らが編纂し、『六国史《りっこくし》』の一つ目に数えられる『日本書紀《にほんしょき》』と総称して「記紀《きき》」と呼ばれます。これらは単純に紛らわしいだけでなく、「き」の字がそれぞれ違うので注意が必要です。

答012

『続日本紀《しょくにほんぎ》』

解説

『六国史』とは天皇による支配の正当性などを、主に編年体《へんねんたい》という方法で記した六つの歴史書のことです。
その後『日本後紀《にほんこうき》』『続日本後紀《しょくにほんこうき》』『日本文徳天皇実録《にほんもんとくてんのうじつろく》』『日本三代《にほんさんだい》実録《じつろく》』と続きました。

Question

問013

713年、元明《げんめい》天皇が命じて全国の各国に作らせた、その地方の文化や伝承、名産品などをまとめた書物を何というでしょう？

問014

その撰者は淡《お》海《うみの》三《み》船《ふね》とする説が有力である、奈良時代に作られた現存する日本最古の漢詩集は何でしょう？

問015

平安時代以降、有力氏族が一族の子孫のために設けた大学の寄宿施設のことを、総称して何というでしょう？

問016

大宅《おおやけの》世《よ》継《つぎ》と夏山《なつやまの》繁《しげ》樹《き》という二人の老人が語り合う形式で書かれている、平安時代に「四鏡《しきょう》」と呼ばれた4作の歴史書の中で最初に書かれたものは何でしょう？

問017

905年に醍醐《だいご》天皇の命により編纂された、日本で初めて作られた勅撰和歌集は何でしょう？

問018

夫・藤原兼家《ふじわらのかねいえ》との結婚生活などを描いている、平安時代の女性・藤原道綱母《ふじわらのみちつなのはは》が書いた日記文学は何でしょう？

答013

『風土記《ふどき》』

解説

現存するのは出雲《いずも》、播磨《はりま》、常陸《ひたち》、豊後《ぶんご》、肥前《ひぜん》の五つで、このうち出雲国のものはほぼ完全に残っています。

答014

『懐風藻《かいふうそう》』

解説

藤原不比等や、天武天皇の子である大津皇子《おおつのみこ》などの作品が収められています。
平安時代に嵯峨《さが》天皇の命で作られた日本初の「勅撰《ちょくせん》」漢詩集である『凌雲集《りょううんしゅう》』との混同に気を付けましょう。

答015

大学別曹《だいがくべっそう》

解説

有名な大学別曹に藤原氏の勧学院《かんがくいん》、橘《たちばな》氏の学館院《がくかんいん》、在原《ありわら》氏の奨学《しょうがく》院《いん》、和気《わけ》氏の弘文院《こうぶんいん》などがあります。
また、同じ頃私設された教育機関に、空海が開いた綜芸種智院《しゅげいしゅちいん》があります。

Answer

答016

『大鏡《おおかがみ》』

解説

「四鏡」は書かれた順に『大鏡』、『今鏡』、『水鏡』、『増鏡』の4作で、「だいこんみずまし」という語呂合わせで覚えることができます。ただし、取り扱われている歴史は『水鏡』が最も古く、その順で並べると『水鏡』、『大鏡』、『今鏡』、『増鏡』になります。

答017

『古今《こきん》和歌集』

解説

『古今和歌集』の撰者は『土佐日記』で知られる紀貫之《きのつらゆき》ら4名です。勅撰和歌集とは、天皇や上皇などが命じて作らせた和歌集のことで、『古今和歌集』にはじまり、2作目の『後撰和歌集』、3作目の『拾遺《しゅうい》和歌集』と続き、室町時代の『新続《しんしょく》古今和歌集』まで21作が作られたため「二十一代集」とも呼ばれます。

答018

『蜻蛉《かげろう》日記』

解説

平安時代にはこの『蜻蛉日記』をはじめ、紫式部が書いた『紫式部日記』、菅原孝標女《すがわらのたかすえのむすめ》が書いた『更級《さらしな》日記』といった女流作家の日記文学が多く書かれ、当時の貴族の生活をうかがい知ることができます。鎌倉時代に阿仏尼《あぶつに》が書いた『十六夜《いざよい》日記』も有名です。なお、この少し前に書かれた『土佐日記』は、男性である紀貫之が「女性になりきって」書いた作品です。

Question

問019

平安時代に広まった、「八百万《やおよろず》の神とは仏が仮の姿としてこの世に現れたものである」とする思想を、漢字5文字で何説というでしょう？

問020

鎌倉幕府の三代将軍・源《みなもとの》 実朝《さねとも》が著し約700首が収録された歌集を、大臣を意味する唐名《とうめい》《とうみょう》から何というでしょう？

問021

鎌倉時代の武士が馬上から弓を射る稽古《けいこ》として行っていたとされる、流鏑馬《やぶさめ》、笠懸《かさがけ》、犬追物《いぬおうもの》の三つの競技のことを、総称して何というでしょう？

問022

鎌倉時代に日本で生まれた仏教の宗派で、浄土《じょうど》宗《しゅう》の開祖は法然《ほうねん》ですが、浄土真宗《じょうどしんしゅう》の開祖は誰でしょう？

問023

元寇《げんこう》に奮戦した様子が『蒙古《もうこ》襲来《しゅうらい》絵詞《えことば》［蒙古襲来絵巻］』に描かれた、鎌倉時代の御家人《ごけにん》は誰でしょう？

問024

鎌倉時代に蘭渓道隆《らんけいどうりゅう》が創建した、山号を巨福山《こふくさん》という鎌倉五山の第1位にあたる寺は何でしょう？

Answer

答019

本《ほん》地《じ》垂迹《すいじゃく》説《せつ》

解説

「本地」は本来のあり方のこと、「垂迹」は神などが現れること。また、神となって権（一時的）に現れることを「権現《ごんげん》」といいます。

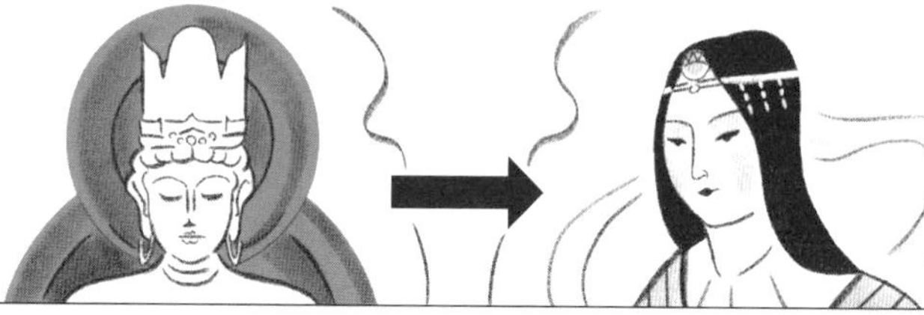

答020

『金槐《きんかい》和《わ》歌《か》集《しゅう》』

解説

実朝は征夷大将軍であるのと同時に、武士として初めて右大臣に任ぜられましたが、その就任を祝う鶴岡八幡宮への拝賀の後に、甥である公暁《くぎょう》に暗殺されてしまいました。これにより源氏将軍は断絶し、四代将軍・藤原頼経《ふじわらのよりつね》や五代将軍・藤原頼嗣《ふじわらのよりつぐ》といった摂《せっ》家《け》将軍が迎えられるようになります。

答021

騎射《きしゃ》三物《みつもの》

解説

走る馬に乗りながら三つの的を連続して射抜く流鏑馬は現在でも神事として行われています。笠懸は流鏑馬に似ているものの、的の大きさや数などにわざとばらつきを持たせることが多いです。犬追物は文字通り犬を射るものですが、最近では動物愛護などの観点からあまり行われません。

答022

親鸞《しんらん》

解説

鎌倉時代には他にも、一遍《いっぺん》が開いた時宗《じしゅう》、日蓮《にちれん》が開いた法華宗《ほっけしゅう》、栄西《えいさい》が開いた臨済宗《りんざいしゅう》、道元《どうげん》が開いた曹洞宗《そうとうしゅう》といった新仏教が次々と興りました。「いっぺん自習する」「日曜にホッケを食べる」「えい〝さい〟はりん〝ざい〟」「〝どう〟げんはそう〝とう〟」などと語呂合わせすると覚えやすいかもしれません。

答023

竹崎季長《たけざきすえなが》

解説

竹崎季長は元寇の際に大きな武功を挙げたにもかかわらず大した恩賞《おんしょう》をもらえず、鎌倉に赴き安達泰盛《あだちやすもり》に直訴することで肥後《ひご》国の地頭《じとう》に任じられました。この絵巻は地頭として就任した先の甲佐《こうさ》大明神に奉納するために描かせたものです。
この絵巻の中には元寇の武器として「てつはう」が描かれていることでも有名です。これは「鉄砲」というよりは「手榴弾《しゅりゅうだん》」のようなものだったと考えられています。

答024

建長寺《けんちょうじ》

解説

鎌倉五山に数えられる他の寺は、第2位の円覚寺《えんがくじ》、第3位の寿福《じゅふく》寺《じ》、第4位の浄智寺《じょうちじ》、第5位の浄妙寺《じょうみょうじ》です。ちなみに円覚寺を開いたのは無学祖元《むがくそげん》です。
余談ですが、一説によると汁物料理のひとつである「けんちん汁」は建長寺で作られたことから名がついたと言われています。

問025

「この頃都にはやる物、夜討《ようち》、強盗、謀綸旨《にせりんじ》」という書き出しで始まり、「建武の新政」により混乱する世相を批判・風刺する内容であった、1334年頃に書かれた七五調の文書のことを、それが掲げられた京都の場所から何というでしょう？

問026

室町時代に興った文化で、三代将軍・足利義満《よしみつ》の時代に栄えたものを「北山文化」といいますが、八代将軍・足利義政《よしまさ》の時代に栄えたものを「何文化」というでしょう？

問027

安土桃山時代に日本画の一派・狩野派《かのうは》の基礎を築いた、『唐獅子図屏風《からじしずびょうぶ》』や『洛中洛外図屏風《らくちゅうらくがいずびょうぶ》』などの作品がある絵師は誰でしょう？

問028

弟の乾山《けんざん》も陶工などとして活躍した、さまざまなジャンルで活躍し「琳派《りんぱ》」という流派を大成させた江戸時代の画家は誰でしょう？

問029

ウィリアム・アダムスとともにリーフデ号で日本に漂着し、徳川家康の信頼を受け朱印船貿易に従事した、オランダの航海士は誰でしょう？

問030

キリスト教が禁じられた江戸時代、キリシタンかどうかを確認するために踏ませたキリストなどの姿をかたどった絵のことを何というでしょう？

答025

二条《にじょう》河原《がわら》の落書《らくしょ》

解説

京都・鴨川《かもがわ》沿いの、現在の二条大橋付近に掲示されたものです。誰が書いたものかはわかっていません。当時の世相や人々の感情などがはっきりわかる資料としての役割のほか、七五調のリズミカルな詩のような文章は芸術的にも評価されています。

答026

東山《ひがしやま》文化

解説

北山文化は義満が将軍を辞したのち京都の北山に邸宅を構え「北《きた》山殿《やまどの》」と呼ばれたことに由来します。この北山殿に建てられた舎利殿が今の鹿苑寺金閣《ろくおんじきんかく》です。

一方、東山文化は義政が住んだ「東山山荘」にちなんでおり、この東山山荘に建てられた観音殿が今の慈照寺銀閣《じしょうじぎんかく》です。このように、ざっくり言うと北山文化は派手できらびやか、東山文化は地味で落ち着いた作風になっています。

答027

狩野永徳《かのうえいとく》

解説

狩野派は室町時代に狩野正信《まさのぶ》・元信《もとのぶ》の親子によって創始され、江戸時代には幕府の御用絵師として栄えました。他の著名な絵師に、『牡丹図《ぼたんず》』などを描いた狩野山楽《さんらく》や、『大徳寺方丈襖絵《だいとくじほうじょうふすまえ》』などを描いた狩野探幽《たんゆう》などがいます。

答028

尾形光琳《おがたこうりん》

解説

豪華な屏風絵の『燕子花《かきつばた》図《ず》屏風』や『紅白梅《こうはくばい》図《ず》屏風』、箱を大胆に装飾した『八橋《やつはし》蒔絵《まきえ》螺鈿《らでん》硯箱《すずりばこ》』などが国宝に指定されていますが、他にも陶芸や小袖《こそで》などさまざまな作品を残しています。弟の乾山が作った陶器に絵付けをした作品もあります。

答029

ヤン・ヨーステン

解説

「耶揚子《やようす》」という日本名がつき、江戸に屋敷を与えられました。現在の東京駅近くの地名「八重洲《やえす》」は彼の名にちなんでいます。なお、ウィリアム・アダムスの日本名は「三浦按針《みうらあんじん》」といい、神奈川県にある安針塚《あんじんづか》駅などの名の由来になっています。

答030

踏絵《ふみえ》

解説

近年「踏絵ではなく絵踏《えぶみ》というのが正しい」という説を見るようになりましたが、正確には文字通り、踏むための絵のことを踏絵といい、絵を踏む行為のことを絵踏といいます。

問031

古学派のひとつ「聖学《せいがく》」を創始した、『聖教要《せいきょうよう》録《ろく》』という著書を残した江戸時代の儒学者は誰でしょう？

問032

『古事記』の注釈書『古事記伝』や『源氏物語』の注釈書『源氏物語玉の小櫛《たまのおぐし》』などを著した、医師でもあった江戸時代の国学者は誰でしょう？

問033

江戸時代前期、17世紀後半から18世紀前半に大坂や京都などの上方《かみがた》を中心に発展した文化のことを、当時の元号から何というでしょう？

問034

恋川春町《こいかわはるまち》の『金々先生栄花夢《きんきんせんせいえいがのゆめ》』に代表される、風刺の要素を含んだ江戸時代の大人向けの読み物の総称は何でしょう？

問035

画家としても『三味線《しゃみせん》を持つ芸妓図《げいぎず》』などの浮世絵を描いた、『浮世風呂《うきよぶろ》』や『浮世床《うきよどこ》』などの滑稽本《こっけいぼん》を書いた江戸時代の作家は誰でしょう？

Answer

答031

山鹿素行《やまがそこう》

解説

古学派とは、朱子学や陽明学を批判し、孔子《こうし》や孟子《もうし》などの教えに立ち戻ろうとした儒学《じゅがく》の一派です。山鹿のほかに、伊藤仁斎《いとうじんさい》や荻生徂徠《おぎゅうそらい》などの学者が該当します。
他に著名な江戸時代の儒学者としては、垂加神道《すいかしんとう》を創始した山崎闇斎《やまざきあんさい》、陽明学を極め近江聖人《おうみせいじん》と呼ばれた中江藤樹《なかえとうじゅ》などがいます。

答032

本居宣長《もとおりのりなが》

解説

国学とは、日本の古典や、日本人が古来持つ思想を研究する学問で、のちに尊王攘夷運動へと発展していくこととなりました。
本居宣長は荷田春満《かだのあずままろ》、賀茂真淵《かものまぶち》、平田篤胤《ひらたあつたね》とともに「国学の四大人」の一人に数えられています。

答033

元禄《げんろく》文化

解説

これに対し、江戸時代後期に江戸を中心に発展した文化を化政《かせい》文化といいます。元禄文化は人間的で華美なものが多く、化政文化は享楽《きょうらく》的なものが多いと言われています。

答034

黄表紙《きびょうし》

解説

実際に表紙が黄色だったことからこう呼ばれるようになったといわれます。

また、黄表紙を5冊ほどのセットにしたものを合巻《ごうかん》といいます。合巻の主なものに柳亭種彦《りゅうていたねひこ》の『偐紫《にせむらさき》 田舎《いなか》源氏《げんじ》』などがあります。

答035

式亭三馬《しきていさんば》

解説

滑稽本《こっけいぼん》とは庶民生活を会話中心に描いた読み物で、他に十返舎《じっぺんしゃ》一九《いっく》の『東海道中膝栗毛《とうかいどうちゅうひざくりげ》』などが知られています。

江戸時代には他にも以下のような読み物が人気を集めました。

洒落本《しゃれぼん》：遊郭《ゆうかく》などを舞台にしたもの。山東京伝《さんとうきょうでん》の『仕懸文庫《しかけぶんこ》』など

人情本《にんじょうぼん》：町人の恋愛をテーマにしたもの。為永春水《ためながしゅんすい》の『春色《しゅんしょく》梅児誉美《うめごよみ》』など

読本《よみほん》：勧善懲悪や因果応報などを趣旨とする歴史的伝記小説。上《うえ》田秋成《だあきなり》の『雨月物語《うげつものがたり》』や曲亭《きょくてい》［滝沢］馬琴《ばきん》の『南総里見八犬伝《なんそうさとみはっけんでん》』など

問036

代表作に『寛政三《かんせいさん》美《び》人《じん》』や『ポッピンを吹く女』などがある、江戸時代に「美人大首絵」というジャンルを確立し人気を集めた浮世絵師は誰でしょう？

問037

特に江戸時代に多く見られた、一揆を起こす際、一致団結の意思を示すため、署名を円形で放射状になるよう書いたものを、その形がある日用品に見えたことから何というでしょう？

問038

「春の海ひねもすのたりのたりかな」や「菜の花や月は東に日は西に」などの句を残した、江戸時代の俳人は誰でしょう？

問039

『ターヘル・アナトミア』という医学書を翻訳したものである、前《まえ》野《の》良沢《りょうたく》や杉《すぎ》田《た》玄白《げんぱく》らが著した書物は何でしょう？

問040

幕末から明治期に創始された「教派神道」の中でも、1838年に中山《なかやま》みきが現在の奈良県に創始したのは「何教」でしょう？

問041

そのタイトルは当時の教養が高い女性が履いていた青い毛糸製の靴下にちなんでいる、1911年に平塚らいてうらが創刊し、女性の社会進出を呼びかけるきっかけになった雑誌は何でしょう？

Answer

答036

喜多川歌麿《きたがわうたまろ》

解説

江戸時代に栄えた浮世絵にはさまざまな絵師が登場しました。実際の絵画を見ると印象に残りやすいでしょう。

菱川師宣《ひしかわもろのぶ》…『見返り美人図』
鈴木春信《すずきはるのぶ》…錦絵《にしきえ》を創始
葛飾北斎《かつしかほくさい》…『富嶽三十六景』
歌川広重《うたがわひろしげ》…『東海道五十三次』
東洲斎写楽《とうしゅうさいしゃらく》…『三代目大谷鬼次の奴江戸兵衛』

答037

傘連判状《からかされんぱんじょう》

解説

傘を開いたような形で署名することで、誰が首謀者であるかわからなくし、全員が対等な立場であることを示していました。

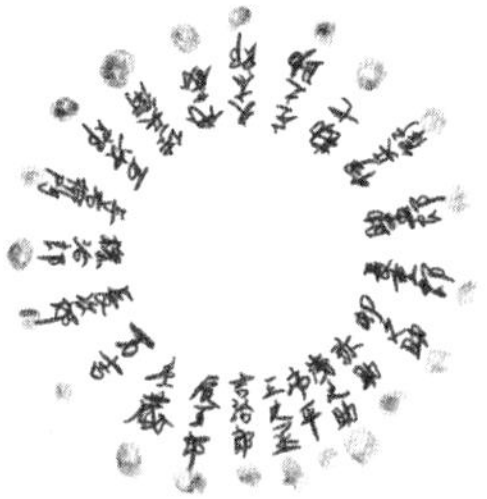

答038

与謝蕪村《よさぶそん》《よさのぶそん》

解説

俳句以外にも、池大雅《いけのたいが》との共作で手掛けた絵画『十便十宜図《じゅうべんじゅうぎず》』などの作品を残しています。
江戸時代に活躍した俳人としては他に、松尾芭蕉や小林一茶《こばやしいっさ》などがいます。

答039

『解体新書《かいたいしんしょ》』

解説

日本初の西洋医学書の翻訳書とされ、杉田玄白はこの翻訳の苦労を著書『蘭学事始《らんがくことはじめ》』に残しています。
江戸時代の有名な医学者としては他に、日本最初の解剖図録『蔵《ぞう》志《し》』を著した山脇東洋《やまわきとうよう》や『蘭学階梯《らんがくかいてい》』を書いた大槻玄沢《おおつきげんたく》などがいます。なお、大槻玄沢の名は師匠である杉田玄白と前野良沢から一文字ずつもらってつけたものです。

答040

天理教《てんりきょう》

解説

「教派神道」とは、幕末から明治期に創始され、政府から公認された13の神道系教団のことです。ほかに黒住宗忠《くろずみむねただ》が創始した黒住教、川手文治郎《かわてぶんじろう》が創始した金光教《こんこうきょう》などがあります。
なお、天理教が創始された地は現在も「天理市」という名前の都市になっています。

答041

『青鞜《せいとう》』

解説

『青鞜』の創刊号で平塚が掲げた「元始女性は太陽であった」というフレーズは、婦人運動を象徴する言葉としてよく知られています。
なお、創刊号の表紙を手掛けた長沼智恵子はのちに詩人の高村光太郎と結婚しました。彼女の死後高村が発表した詩集『智恵子《ちえこ》抄《しょう》』がよく知られています。

Question

問042

明治期の日本を代表する洋画家の一人で、芦ノ湖《あしのこ》を背景にうちわを持った女性の姿を描いた油彩画『湖畔《こはん》』が重要文化財に認定されているのは誰でしょう？

問043

助手である岡倉天心《おかくらてんしん》とともに東京美術学校（現在の東京芸術大学）を創設した、アメリカ出身のお雇い外国人は誰でしょう？

問044

辰野金吾《たつのきんご》や片山東熊《かたやまとうくま》らを育てた、ニコライ堂や旧岩崎邸、鹿鳴館などを設計したイギリス人建築家は誰でしょう？

問045

詩人としても『宵待草《よいまちぐさ》』などの作品を残している、『黒船屋《くろふねや》』などの憂《うれ》いを帯びた美人画を数多く残した大正期の画家は誰でしょう？

問046

歌人の与謝野晶子《よさのあきこ》が、日露戦争に従軍した弟を想って発表した詩のタイトルは何でしょう？

問047

1916年に雑誌『中央公論』に評論「憲政《けんせい》の本義を説いて其《その》有終の美を済《な》すの途《みち》を論ず」を発表し、民本《みんぽん》主義を提唱した政治学者は誰でしょう？

答042

黒田清輝《くろだせいき》

解説

明治維新以降、西洋から伝わった技術の影響により、日本の洋画は一気に発展していきました。
明治期の洋画家には他に、『鮭《さけ》』を描いた高橋由一《たかはしゆいち》、『天平の面影』を描いた藤島武二《ふじしまたけじ》、『海の幸』を描いた青木繁《あおきしげる》、『収穫』を描いた浅井忠《あさいちゅう》などがいます。

答043

アーネスト・フェノロサ

解説

有名なお雇い外国人には他に以下のような人物がいます。
モース（アメリカ）…大森貝塚の発見
クラーク（アメリカ）…札幌農学校の初代教頭
ボアソナード（フランス）…日本の近代法の父
ナウマン（ドイツ）…ナウマンゾウの名前の由来となった

答044

ジョサイア・コンドル

解説

辰野金吾は東京駅や日本銀行本店など、片山東熊は旧東宮御所や京都国立博物館などを設計し、コンドル自身や彼の弟子が残した美しい建造物は現在でも残っています。

答045

竹久夢二《たけひさゆめじ》

解説

夢二の描いた女性画は「夢二式美人」と呼ばれ、大正期の大衆から注目を集めました。
大正期の画家としては他に、『麗子微笑《れいこびしょう》』などを描いた岸田劉生《きしだりゅうせい》や『生々流転《せいせいるてん》』などを描いた横山大観《よこやまたいかん》などがいます。

答046

『君死にたまふこと勿《なか》れ』

解説

この詩が掲載された雑誌『明星《みょうじょう》』は、彼女の夫である与謝野鉄幹《てっかん》が創刊したものでした。
同じく日露戦争への反戦歌として書かれた作品に、大塚《おおつか》楠緒子《くすおこ》《なおこ》の『お百度詣《ひゃくどもうで》』などがあります。

答047

吉野作造《よしのさくぞう》

解説

大正期に盛り上がった自由主義・民主主義的風潮を「大正デモクラシー」といい、吉野はその代表的な人物です。
なお、民本主義とは、政治の目的は民衆の福利にあり、政策決定は民衆の意向によるという考え方で、吉野は政党内閣制や普通選挙の実現を訴えました。

問048

主観的観念論を展開した著書『善の研究』で知られる、京都学派の創始者である大正・昭和期の哲学者は誰でしょう？

問049

美《み》濃《の》部《べ》達吉《たつきち》らが唱え、大日本帝国憲法の解釈において「天皇主権説」と対立した、「統治権の主体は国家にあり、天皇は国家の最高機関である」とする学説を何というでしょう？

問 050

1949年、ここの金堂《こんどう》にあった壁画が火災によって焼損したことがきっかけで、翌年文化財保護法が制定されたというエピソードがあるお寺はどこでしょう？

答048

西田幾多郎《にしだきたろう》

解説

京都学派という名は、西田ら京都大学の研究者が中心となったことに由来します。また、銀閣寺近くにある「哲学の道」という歩道は、西田が好んで散策したことに由来しています。

なお、ともに石川県出身である国文学者・藤岡作太郎《ふじおかさくたろう》、仏教学者・鈴木大拙《すずきだいせつ》（本名は鈴木貞太郎《ていたろう》）とともに「加賀の三太郎」に数えられます。

答049

天皇機関説《てんのうきかんせつ》

解説

天皇主権説はその名の通り主権は天皇にあるべきとする学説で、穂積八束《ほづみやつか》らが唱えたものです。

一時は天皇機関説が大正デモクラシーを経て通説となっていましたが、五・一五事件を機にこれを排斥する運動が起こり、国体明《こくたいめい》徴声明《ちょうせいめい》によって否定されました。

答050

法隆寺《ほうりゅうじ》

解説

焼損前の壁画を模写していた人達のおかげで、1968年に壁画が復元、公開されました。ちなみに焼け焦げた現物は現在も法隆寺の境内《けいだい》に保管されています。

末廣隆典（すえひろたかのり）

1985年愛媛県生まれ。愛光学園高校卒業後、1年の浪人を経て東京大学文科三類に入学し、教育学部教育学コースを卒業。「クイズバースアール」にてクイズマスターとして出勤するかたわら、イベント「スアールマンスリーカップ」の問題監修を行うなど問題制作にも関わっている。「しーや」名義でバラエティ・クイズチャンネル『まる芸TV!!』でYouTuberとしても出演するほか、「冴戒椎也」名義でパズル作家・ボカロＰとしても活動。2023年、TBSテレビ『東大王』の視聴者参加回初回に「東大卒クイズ作家」の肩書きで出演し、東大王チーム3名に早押しで勝利する。その他個人としての戦績に、クイズLIVEチャンネル『LOCK OUT!』#113決勝進出、フジテレビ『今夜はナゾトレ』視聴者クイズ年間Top5入りなど。チームとしてクイズ大会『AQL2019』全国大会進出、『天9』本戦進出、『イントロクイズナイト vol.10』優勝など。

東大式《とうだいしき》！クイズでわかる日本史《にほんし》

2023年12月29日　初版第1刷発行

著　者　末廣隆典
発行者　岩野裕一

発行所　株式会社実業之日本社
〒107-0062
東京都港区南青山6-6-22　emergence 2
電話　（編集）03-6809-0473
（販売）03-6809-0495
https://www.j-n.co.jp/
印刷・製本　三松堂株式会社

協　力　相澤理
装丁・デザイン　北風総貴（ヤング荘）
イラスト　あんのようすけ（ヤング荘）
校　正　ヴェリタ
プロデュース　株式会社スアール
編集協力　佐野千恵美
編　集　白戸翔（ニューコンテクスト）

ISBN978-4-408-65067-8（第二書籍）